의정부 현장공부

김동근 지음

더포스트

:

들어가며

몇 년 전부터 아침 일찍 민락천변을 걸으며 운동도 하고 쓰레기도 주우면서 주민들과 만나 대화도 나눴다. 그러다 문득, 동료들과 의정부 곳곳을 다니며 현장을 배우는 시간을 가지면 좋겠다는 생각이 들었다. 그렇게 의정부 현장공부를 시작한 지 어느덧 53번째 현장공부를 다녀오게 됐다. 때로는 한 걸음 떨어져 있을 때 의정부를 더 바라볼 수 있었다. 다른 도시의 모습을 배우기 위해서 광주광역시, 김해시, 공주시, 남양주시, 하남시 등으로 배움 여행을 떠나기도 했다.

한 걸음, 한 걸음 마을과 더 가까이 만나기 시작하자 마을이 나에게 다가와서 말을 건네는 느낌을 받았다. 희열의 감정을 느꼈다. 동네를 걸으며 만난 주민들로부터 그동안 몰랐던 마을의 이야기도 들을 수 있었다. 마을 사람들이 겪는 어려움들에 대해 하소연을 듣기도 했고 때로는 따가운 질책을 듣기도 했다. 의정부를 사랑하는 마을 주민들의 목소리였다.

현장에서 마주한 목소리들은 더 크고 또렷하게 들렸다. 더욱 잘 경청할 수 있었고 그렇기에 더욱 무거운 책임감도 느끼게 됐다. 30년간 행정을 하면서 주변 동료들에게 '현장에 답이 있다'고 항상 말해왔다. 이는 정치인에게도 적용된다. '현장에 답이 있다.'

모든 순간들, 모든 이야기들이 나에게는 너무 소중한 경험들이었다. 현장학습은 의정부 역사와 문화를 배우는 시간이었다. 동네 주민들과 만나고, 마을 거리와 만나고, 자연과 만나고, 반려견과도 만나는 '만남'의 연속이었다. 중랑천, 수락산, 정겨운 마을 모습, 맑고 푸른 하늘과 석양 등 아름다운 의정부를 맘껏 즐기는 시간이기도 했다.

한편으로는, 더 나은 의정부를 어떻게 만들 수 있을까 고민하는 시간이기도 했다. 10년 후 의정부 미래의 모습에 대해 끊임없이 상상했다. 걸으면 걸을수록 많은 것들이 보였고, 그만큼 생각도 깊어졌다. 정치와 행정의 역할에 대한 고민도 그만큼 더욱 커졌다.

소중한 감정들, 무거운 책임감, 감사한 마음들, 정겨운 모습들, 고민의 흔적들을 의정부 시민들과 더 많이 나누고 싶었다. 현장공부 일지를 빠짐없이 페이스북에 기록했고 일지들을 모아 책으로 엮은 이유다.

이 책은 시민들, 동료들과 함께 의정부 곳곳을 걸은 발자국의 흔적이다. 함께 걸었기 때문에 즐거운 마음으로 1년 가까이 의정부 구석구석 마을과 주민들을 만날 수 있었다. 추우나 더우나, 비가 오나 눈이 오나 함께 걸으며 의정부의 미래를 함께 고민해 준 동료들에게 지면을 빌어 감사드린다.

나는 내일도 의정부 시민들의 삶의 현장 속으로 뚜벅뚜벅 걸어갈 것이다.

의정부에서 김동근

주민추천사

기존 행정이 현장 공부 없이 탁상공론을 펼친 결과물들을 보며 목소리를 많이 높이게 됐다. 의정부시와 의정부 시민은 서로 공존하며 소통해야 함을 크게 느꼈다. 또한, 내가 살아가는 의정부가 역사적으로 유서 깊은 '이야기가 있는 도시'라는 것을 새삼 알게 되었다.

- 김명숙 | 의정부2동 주민

역시 '행정의 박사구나'라는 생각이 들었다. 다른 도시 현장 공부를 하게 되면 그곳에서 느낀 좋은 점을 의정부의 발전을 위해 적용하려 하시고, 지역 주민들에게 들은 이야기를 잊지 않고 적어두시던 모습이 참 기억에 남는다.

- 박형설 | 금오동 주민

현장에 답이 있다. 사무실에 앉아서 하는 탁상행정과 현장에 직접 나가보는 것은 차원이 다르다. 의정부에서 55년을 산 토박이임에도 무심코 지나쳤던 것들이 많았는데, 김동근 부지사님과 함께 현장 곳곳을 다니면서 어떤 점이 잘못되었고 어떻게 개선해야 하는지 하나씩 짚어볼 수 있었다.

- 유영호 | 의정부2동 주민

현장 공부를 하기 위해 매일 걷는 송산1동을 다시 걸었다. 주민들과 평소 생각해왔던 우리 동네의 모습을 전하고 함께 이야기했다. 그간 의정부는 단타적으로 도시가 개발됐다는 인식이 있었는데, 미래를 내다보며 조화로운 도시를 만들기 위해 어떻게 하면 좋을지 생각하고 또 생각하게 된다.

- 윤원필 | 송산1동 주민

의정부의 길이란 길은 다 알고 있는 줄 알았다. 맨날 다니던 길인데도 현장 공부를 위해 가보니 새로운 것이 보인다. 대로변에서 조금만 들어가 보면 한우를 키우는 집이 나오기도 하고, '볼라드가 꼭 저런 형태로 있어야 하나?' 싶은 생각도 든다. 특히 부지사님과 '안전'에 대해 많이 이야기하면서 새로운 의정부의 모습을 상상할 수 있었다.

- 최철호 | 신곡1동 주민

현장 공부를 하면서 나 스스로도 공부가 되고, 새로운 경험을 많이 하게 된다. 현장을 다니면서 평소에 불편했던 부분을 나누고 개선방안을 함께 모색해보기도 했다. 의정부의 좋은 점도, 개선되어야 할 부분도 참 많다는 것을 느꼈다.

- 신성혁 | 신곡2동 주민

이번 현장 공부를 통해 골목 골목을 다니며, 의정부에서 38년을 살았는데도 한 번도 못 가본 낙후된 동네를 여럿 알게 되었다. 보행자와 차선의 경계와 같이 직접 걸어보지 않으면 보이지 않는 것들을 부지사님께서 꼼꼼히 체크하시는 것을 보며, 나 또한 생활하면서 불편한 점이나 발전의 사각지대에 대해 생각해보게 되었다.

- 박정민 | 신곡2동 주민

차로 다니면 관심 있게 보지 못하고 지나치는데 걷다 보면 의정부 곳곳을 알 수 있게 된다. 부지사님은 의정부 지역에 대해 정말 많이 알고 계셨다. 어떤 질문을 드려도 답변을 주시는 모습을 보며, 의정부를 정말 아끼는 의정부 전문가라는 것을 알게 됐다. 함께 다니면서 의정부 지역을 깊이 알 수 있게 된 배움의 시간이었다.

- 강인정 | 신곡1동 주민

사실 지금까지는 서울과 가깝지만, 의정부에 산다는 말을 자신 있게 할 수 없었다. 의정부에 살고 있지만, 지역 현안에 대해 잘 모르기도 했다. 현장을 구석구석 다니다 보니, 의정부가 변해야 한다는 생각이 들었다. 앞으로는 '나는 의정부에 삽니다'하고 자신 있게 말할 수 있는 도시로 만들 수 있으리라 생각한다.

- 남상진 | 장암동 주민

...

2021.04.03.토

첫 번째 현장공부

중랑천

오늘은 중랑천변을 다녀왔다. 오전 6시 30분에 청과시장 부근에서 출발해서 서울 경계 근처까지 약 2시간 30분 정도를 걸었다.

중랑천은 경기도 양주시에서 의정부를 지나 서울시 성동구 금호동 부근에서 한강으로 합쳐지는 천이다. 길이는 약 20km 정도 된다. 중랑천은 의정부시의 골격을 형성하고 도시의 상징적 정체성을 갖고 있다.

중랑천을 바라보는 관점을 바꿔야 한다. 단순히 산책하고 풍경을 바라보는 공간 이상의 의미와 역할을 담아야 한다. 시민들과 도시를 이어주고 여유로운 삶을 제공하면서 일자리까지 만들 수 있는 통합적인 공간으로 진화할 방법은 무엇이 있을지 고민하며 걸었다. 무엇보다 지금보다 더 자연 친화적인 생태환경을 갖추는 것이 급선무인 것 같다.

두 번째 현장공부

장암동

오늘은 수락산 자락과 장암동 쌍암사 계곡 주변을 걸었다. 수락산은 경기도 의정부, 남양주시 별내면, 서울시 노원구 상계동의 경계에 위치한 고도 638m의 산으로 굉장히 아름다운 화강암 암벽을 자랑한다. 숲은 가장 완벽한 생태계의 모습을 가지고 있고 시민들에게 주는 혜택도 크다. 의정부는 산으로 둘러싸여 있어 참으로 복 받은 도시다.

최근에 읽은 기사에 의하면, 우리나라 숲 대부분은 1970년대에 조성되어 급격히 노령화되고 있다. 2050년에는 탄소흡수량이 1/3 수준으로 떨어진다고 한다. 따라서 미래 세대들에게 더 나은 숲을 물려주기 위한 방안을 마련해야 한다. 숲은 미세먼지나 지구온난화와 같은 도시의 환경문제를 치유하는 기능 이상의 역할이 있다.

숲은, 시민들에게 1) 여유로운 삶의 공간으로 2) 생태 일자리가 창출되는 공간으로 3) 평생 학습하고 배우는 공간 등으로 만들어져야 한다. 접근방식의 대전환이 필요하다. 오늘 현장공부도 유익했다. 공부할수록 공부할 내용이 많아진다.

2021.04.17.토

세 번째 현장공부

녹양동

오늘은 녹양동 일대를 다녀왔다. 공설운동장을 포함한 체육시설을 둘러보고, 입석마을을 거쳐 홍복저수지까지 걸었다.

의정부의 체육시설들은 대부분의 도시처럼 한 군데에 모여 위치해 있다. 보다 더 많은 사람들이 편하게 이용할 수 있도록 마을 곳곳에 확충할 필요가 있다. 걸어서 15분 내 생활권 중심으로 체육시설을 확충할 수 있는 방법에 대해 고민해보았다. 코로나로 체육활동이 많이 위축되어서 아쉬움이 큰 요즘이다.

이형섭 당협위원장과 함께 매주 토요일마다 의정부 구석구석을 걸으며 '도시'에 대한 생각들을 교류하고 있다. 생태도시, 안전도시, 문화도시, 걷기좋은도시 등 어떤 도시가 선호되는지, 시민들의 삶의 질을 높이기 위해서 어떤 도시가 되어야 하는지 등에 대해 나누고 있다. 각자 고민하고 꿈꾸는 도시의 모습을 이야기하는 이 시간이 무척 유익하다.

오늘도 만 사천 보 이상을 걸었다. 자동차를 타고 갈 때는 보이지 않았던 것들이 걸으니까 보인다. 벌써 다음 주 토요일 새벽이 기다려진다.

네 번째 현장공부

고산동, 산곡동

오늘은 빼벌, 흑석마을 일대를 걸었다. 빼벌마을은 6·25 전쟁 기간인 1952년에 미군이 주둔하면서 형성된 마을이다. 2000년대 들어 미군 부대 재배치로 상권이 쇠락하고 있다. 빼벌마을은 캠프 스탠리에 붙어 있어 의정부에 미군이 주둔한 역사의 흔적을 고스란히 간직하고 있다.

그동안 대한민국의 안보를 위해 쓰였던 캠프 스탠리가 이제는 새로운 모습의 장소로 바뀌어야 한다. 개발의 접근방식을 넘어 가치의 접근방식이 필요하다. 이 공간이 미래세대를 위해 어떻게 쓰이면 좋을지 고민이 된다. 흑석마을을 걸으면서 새삼 마을 곳곳이 아름답다는 것을 느낀다.

마을에 있는 한 캠핑가든에 들렀더니 주인아저씨께서 커피를 마시고 가라고 붙잡으셔서 함께 앉아 마을의 이야기를 한참 나누었다. 매주 토요일 아침마다 의정부 현장 곳곳을 걸으면서 그동안 보지 못했던 것들을 참 많이 만나고 있다. 고민의 시작도, 고민의 대안도 현장에 있는 것 같다.

다섯 번째 현장공부

고산동

오늘은 고산동 일대를 걸었다. 고산동이라는 지명은 마을에 있는 야산(부용산)이 높아서 이를 높은 뫼라고 한 데서 유래되었다고 한다. 고산동은 과거부터 장승거리, 막은골, 양지마을, 샘말 등 다양한 이름으로 불렸다.

문충공 신숙주 선생 묘소도 찾아보고 신도시 건설이 한창인 현장도 둘러봤다. 대규모 공사현장을 볼 때마다 새로운 것이 만들어진다는 기대감도 들면서 무엇인가를 잃어버리고 있다는 아쉬움도 교차한다.

의정부처럼 산으로 둘러싸인 분지 형태의 도시에서 고층 건물들이 계속 들어서는 게 과연 바람직한지에 대해 고민을 하게 된다.

이제는 하드웨어와 양적 중심의 개발에서 벗어나, 도시 공동체와 그 속에서 시민들의 삶이 좀 더 나아질 수 있도록 하는 도시재생 방식이 필요한 시점이다. 녹색을 푸르게 하는 봄비가 촉촉이 내렸다.

여섯 번째 현장공부

금오동

오늘은 금오동 일대를 답사했다. 꽃동네, 금오초, 경기북부경찰청 부근을 걸으며 현장을 이해하는 시간을 가졌다. 금오동은 내가 태어난 곳이라서 그런지 걸으면서 마주친 유아 숲 체험공간, 약수터 등의 공간들이 더욱 정겹게 느껴졌다.

금오동 일대는 과거에 미군 캠프인 에세이온과 카일이 있었던 곳이다. 미군 캠프가 철수된 후 현재는 을지대학교 의정부캠퍼스, 을지병원과 경기도 교육청 북부청사를 비롯한 의정부 행정타운으로 조성되고 있다.

최근에 미군 공여지를 보며, 과거 미군 주둔지로써 군사안보를 위해 희생해온 공간이 앞으로 의정부 시민들의 삶의 행복을 위해 어떻게 쓰여야 할지 생각했다. 더불어 의정부의 구석구석은 시민들의 삶을 향상시키기 위해 어떻게 보존되고 활용되어야 할지 스스로에게 질문을 던졌다. 의정부의 내일에 대한 숙제가 생겼다.

어제, 오늘처럼 미세먼지가 심한 날이면 마음이 무겁다. 우리 사회의 미래 주역인 아이들이 마음껏 뛰놀 수 있는 도시를 물려줘야 한다는 어른으로서의 책임감이 크게 느껴지기 때문이다. 현장을 걷고 현장을 알아가야 보이는 것들이 있다. 오늘의 현장공부도 유익했다.

일곱 번째 현장공부

가능동, 흥선동

오늘은 가능동, 흥선동 일대를 다녀왔다. 오늘도 역시 의정부의 현장들을 걸으면서 느끼는 점들이 많았다.

가능동, 흥선동의 거리와 골목의 모습은 옛 정감을 간직하고 있어서 좋았지만 개선해야 할 부분도 보였다. 마을 자체를 없애버리는 기존의 개발 방식이 아닌, 동네의 모습은 간직하면서 일자리가 생겨나고 주민들의 삶은 더 편해지도록 재생할 방법에 대해 고민했다. 가능동은 내가 다녔던 의정부공고가 위치한 곳이어서 애정이 더 많이 느껴졌다. 마침 오늘이 '스승의 날'이어서 그런지 나에게 희망을 전해주신 은사님들과 학창시절의 내 모습들이 떠올랐다.

지금은 운행하고 있지 않은 교외선 철로를 보면서 지금의 활용방안에 대해서도 고민하게 됐다. 철로 주변 환경과 주민들의 삶을 개선되는 방식들을 떠올렸다. 아이디어를 현실에 맞게 구체화할 계획이다. 오늘도 현장공부 하면서 만난 주민분들과도 이야기를 나눴다. 따뜻하게 건네주시는 인사와 덕담에 마음이 따뜻해졌다.

여덟 번째 현장공부

오늘은 호원동 일대를 걸었다. 호원동은 인구도 많고 면적도 큰 동이다. 새벽 6시 30분부터 2시간 반가량 걸었음에도 절반도 둘러보지 못했다. 외미마을, 회룡골, 전좌마을, 예비군훈련장, 제주마을, 안말부락, 호원동성당 등을 부지런히 살펴봤다.

호원동은 의정부라는 지명이 나타나게 된 역사적인 장소를 가진 지역이다. 태조 이성계가 함흥에 갔다가 돌아올 때 태종 이방원이 나아가 상봉한 장소를 전좌라 하였고, 이곳에서 대신들이 정사를 논하였다 하여 '의정부'라는 지명이 만들어졌다고 한다. 역사 자원과 스토리는 모든 도시에 주어지지 않는다. 의정부가 지닌 역사를 도시 문화브랜드로 의미 있게 활용할 필요가 있을 것 같다.

이전하는 예비군훈련장을 주민들과 의정부시 발전을 위해 어떻게 탈바꿈시킬 수 있을지 상상했다. 주민과 전문가들과 함께 이 문제에 대해 테이블 토크를 진행하면 좋겠다. 아파트, 빌라 등으로 활발하게 변화하고 있는 호원동의 자연부락들이 주민들의 삶에 어떻게 긍정적인 영향을 끼칠 수 있을지 고민하게 됐다.

오늘은 날씨가 좋아서 현장을 걸으면서 배우는 기쁨이 더 컸다.

아홉 번째 현장공부

오늘도 호원동 일대를 걸었다. 지난주에 가보지 못했던 망월사역, 원도봉 계곡, 호암초, 다락원 마을, 캠프 잭슨, 인강원 등을 둘러봤다.

경기도에서 부지사로 근무하면서 고민했던 것 중 하나가, 서울에 인접한 도시들이 가질 수 있는 장점을 최대한 활용하는 것이다. 그 지역만의 자기다움과 강점을 갖게 하는 전략인데, 판교테크노밸리가 좋은 사례다. 의정부는 서울과 맞닿아 있다. 관문 지역으로써 호원동이 가져야 할 앞으로의 전략과 지금 당장 개선할 수 있는 부분들에 대해 생각해봤다.

쌍용사, 대원사, 원각사, 덕천사, 망월사 등 의정부에는 유명한 사찰들이 많다. 도봉산과 원도봉 계곡 등 자연과 함께 잘 보존하고 가꾸면 의정부가 전통과 현대가 한데 어우러지는 멋진 도시가 될 수 있다. 의정부는 에베레스트 8,000m 14개 봉을 완등한 세계적인 산악가 엄홍길 대장을 배출한 도시다. 수려한 산들에 둘러싸인 도시에서는 유능한 인재들이 낳이 배출된다고 한다.

나는 의정부가 축복받은 도시라고 생각한다. 우리 도시와 사회의 삶을 바꿀 각 분야의 유능한 인재들이 의정부에서 많이 배출될 수 있도록 좋은 환경의 조성과 교육에 대한 적극적인 투자가 필요하다. 의정부 구석구석을 걸으면서 배우는 즐거움이 크다. 무엇보다 의정부 곳곳의 동네에서 만나는 시민분들과의 정겨운 인사와 대화가 가장 큰 기쁨이다.

오늘 아침은 지난 며칠 간의 비구름을 말끔히 걷어내고 파란 하늘에 흰 구름이 떠 있어 아주 맑고 쾌청했기에 더욱 특별했다.

열 번째 현장공부

용현동

오늘은 용현동 일대를 걸었다. 용현산업단지, 정문부장군묘, 용현사 등을 둘러봤다. 용현산단은 10만 평이 채 안 되는 규모로 의정부 유일의 산업단지다.

용현산단 주변을 아파트가 빙 둘러싸고 있는 입지여건 속에서 교통문제, 주차문제 등에 대한 주민들의 불만들이 지속적으로 제기되고 있다. 더불어, 현재의 용현산단이 제조업 중심에서 첨단산업 중심으로 전환되어야 한다는 목소리들도 있다.

20만 평 규모의 판교테크노밸리 사례를 살펴보자. 판교에는 1,600개 이상의 기업들이 입주해 있고 기업들의 총 매출은 100조가 넘는다. 정보기술(IT), 문화콘텐츠기술(CT), 생명공학기술(BT) 등 첨단산업 회사들의 비중이 무려 93%에 달한다. 청년들이 취업하고 싶은 직장들이 많은 도시, 청년들이 살고 싶은 도시가 된 것이다. 이를 참고하여 용현산단의 새로운 시즌2를 설계해야 한다.

현장공부를 할수록 공부하고 풀어야 할 숙제들이 계속 쌓이는 기분이다. 그럼에도 내가 사랑하는 의정부의 구석구석을 더욱 가까이서 바라보고 깊이 이해할 수 있어서 감사한 마음이 크다.

열한 번째 현장공부

2021.06.10목

경기도 수원시

현장공부를 확장하고자 한다. 의정부 이외의 도시도 다니면서 다양한 사례를 접하고 그곳에서 새로운 영감을 얻고 싶다. 한 달에 두 차례 견학을 떠날 계획이다. 오늘 다녀온 도시는 '수원'이다. 내가 부시장으로 근무하기도 했던 수원을 둘러보면서 이전에 추진했던 사업들도 복기하고 현재의 모습도 살펴봤다.

성균관대 옆 일월호수에는 공원과 도서관이 함께 어우러져 있다. 책도 읽고, 힐링도 하고, 산책도 할 수 있다. 시멘트 바닥이 아닌 흙길로 조성되어 생태적으로 좋고 걷기에도 참 편했다. 걷기 좋은 도시는 행복한 도시다. 서울대 농대 부지에 조성된 경기상상캠퍼스에는 청년 창업자를 위한 공간이 멋지게 조성되어 있다. 내가 경기도청에서 근무했을 당시 만들어진 공간이다. 의정부에도 청년 창업자들을 위한 공간들이 더 많이 생겨야 한다. 공간을 통해 상상력이 시작되고 공간에서 일자리가 창출되기 때문이다.

행궁동은 구도심에 자리 잡고 있다. 이름에서 알 수 있듯이 수원 행궁 근처에 있다. 수원시에서 일정 구간을 도시재생한 지역인데 민간 주체들이 차린 카페, 공방 등이 골목 골목에 예쁘게 자리 잡고 있었다. 많이 바뀌어서 기분이 좋았다. 둘러보던 중에 같이 근무했던 화성사업소장을 길에서 우연히 만나 차 한 잔을 했다. 무척 반가웠다.

수원천을 걸으면서 백석천을 생각했다. 시멘트로 덮여있는 백석천과는 달리 수원천은 자연친화적으로 조성되어 있다. 의정부는 생태도시가 될 수 있는 최적의 조건들을 갖추고 있다. 의정부의 하천들을 지금보다 훨씬 생태적으로 변화시킬 필요가 있다.

수원을 걸으면서 의정부의 미래를 많이 상상했다. 타지에 오니 의정부를 더 많이 생각하게 된다. 오늘도 4시간 가까이 둘러보면서 많이 배웠다.

열두 번째 현장공부

중랑천

오늘은 중랑천으로 갔다. 정말 많은 시민분들이 운동을 하고 계셨다. 자전거, 인라인, 조깅, 걷기, 농구 등 다양한 활동을 하는 것이 참 보기 좋았다. 중랑천은 의정부시의 귀한 보물이다. 쉼터 등의 편의시설이 좀 더 보완되었으면 하는 아쉬움이 들기도 했다.

나는 그곳에서 노르딕워킹을 체험했다. (사)노르딕워킹 김경태 대표의 지도로 동호회원과 함께 준비운동과 워킹 동작을 배우며 걸었다. 노르딕워킹은 몸의 바른 체형을 갖게 하는 운동으로 효과가 아주 뛰어나다고 한다. 오늘 참가한 회원 한 분은 실제로 이 운동으로 오십견이 낫게 되었다고 자랑을 하기도 했다. 노르딕워킹을 배우면서 무엇을 하더라도 기본이 중요하다는 걸 다시금 느꼈다. 좋아하는 분들과 함께 하니 몸과 마음이 모두 건강해지는 것 같다. 현대인에게 운동은 필수다.

조국 지킴이의
첫발을 내 딛는
입영장정 여러분을
진심으로 환영합니다.

의정부시장

2021.06.19.토

열세 번째 현장공부

송산동, 용현동

오늘은 송산동, 용현동 일대를 걸으며 306보충대, 성골마을, 한전 주변 등을 둘러봤다.

1. 306보충대

2014년까지 매년 10만 명에 가까운 청년들이 입영하기 위해 전국에서 모였던 곳이다. 이제는 이곳에 아파트 단지가 들어선다고 한다. 아쉬움이 크게 남는다. 의정부에는 개발할 땅이 얼마 남지 않았다. 젊은이들이 나라의 부름을 받고 국방의 의무를 다하기 위해 모였던 이곳을 젊은 세대들의 미래를 위한 일자리 창출 공간으로 만들면 좋겠다는 생각을 했다.

2. 송산동

송산동 지명의 유래는 조선시대 초기 때 송산 조견이 "충신은 두 임금을 섬기지 아니한다." 하며 새 임금의 부름을 여러차례 거절하고 이 곳에 한 거하였다고 해서 지어졌다.

송산동은 그린벨트 규제가 많은 지역이어서 상대적으로 도시농업이 활성화되어 있다. 혁신은 한계를 돌파하는 과정에서 나오기도 한다. '그린벨트'라는 규제로 인한 어려움을 오히려 기회로 삼아 이곳을 6차 산업으로 불리는 도시농업의 허브로 조성하면 어떨까? 인류의 과제인 기후변화에 대응하는 한편 의정부가 생태도시가 되는 중요한 역할이자 산업의 기능도 맡을 수 있을 것 같다.

3. 한전 주변

이곳은 의정부 주민들에게 낯선 공간이다. 오늘 현장공부에 동행했던 분들도 수십 년을 의정부에서 사셨지만 이곳을 처음 와본다고 하셨다. 공터에 대한 활용 방안이 필요하다. 하얀 스케치북 같은 이 공간에 어떤 색깔로 어떤 그림을 그리면 좋을지 고민이 된다. 의정부의 미래를 상상하니 마음이 설렌다.

오늘도 아침부터 많이 걸으면서 의정부 구석구석을 걸었다. 공간을 이해하는 노력, 공간을 바라보는 시선, 공간을 그려가는 상상력이 무척 중요하다는 사실을 다시금 깨닫는 하루였다.

열네 번째 현장공부

오늘은 자일동 일대를 걸으며 자일마을, 현충탑 주변, 환경자원센터 등을 둘러보았다.

1. 생태마을 자일동

의정부에서 자연부락의 모습을 가장 잘 간직한 장소 중 하나이다. 천보산 자락에 있는 마을의 모습은 자연의 일부분처럼 느껴지기도 한다.

안타깝게도 이곳은 소각장 건립문제로 몸살을 앓고 있다. 기존의 환경자원센터 운영만으로도 벅찬데 소각장을 추가로 건립한다고 한다. 마을주민들의 불만이 충분히 이해된다. 그밖에도 마을 안 길 포장, 상수도, 도시가스 등 기본 인프라 구축이 필요한 상황이다.

자일동 고유의 생태마을다움을 고스란히 잘 간직하고 지키며 마을주민들이 더 살기 좋은 곳으로 개선될 수 있으면 좋겠다.

2. 현충탑 주변의 재발견

현충탑 주변을 시민들이 자주 찾는 메모리얼파크로 조성하고 자일동 옛 우마차길을 복원하면 어떨까?

산자락 산책로를 정비하고 이곳에서 생산되는 유기농 식재료들을 시민들에게 소개하고 판매한다면 이곳이 의정부 시민들에게 힐링을 선물하는 휴식지로 손색없을 것 같다.

3. 마을의 이야기

마을을 걷다 주민분들을 만났다. 농촌마을 생활의 어려움과 기대되는 마을의 모습에 대해 들으며 많은 고민과 숙제들이 생겼다. 개발이 진행되면서 마을 곳곳의 이야기가 사라지고 있다. 건물을 짓는 것보다 더 중요한 것은 주민과 마을을 지키는 일이다.

마을주민이 떠나는 도시개발의 방식에서, 그곳에서 살아가고 있는 주민들을 위한 도시재생적 방식으로의 접근이 필요하다.

열다섯 번째 현장공부

녹양동

오늘은 우정마을과 녹양역 일대를 둘러봤다. 무덥지 않아서 걷기 좋았다. 배움은 언제나 즐겁다.

1. 우정마을

우정마을은 양주시와 맞대고 있는 전원마을이다. 머지않아 택지로 개발될 예정인 곳이다. 이곳에는 지장물 보상방안을 둘러싼 갈등이 있다. 마을 곳곳에 걸려있는 현수막으로 이러한 갈등 상황을 알 수 있었다. 마음이 무거웠다. 택지개발 이후 어떻게 주민들이 살기 좋은 마을로 만들 것인지 생각하는 게 지금부터 중요하다. 우정마을의 '미래'에 대해 더욱 치열하게 고민해야 한다. 학교, 도서관, 평생학습시설 등의 교육공간은 어떻게 조성하고, 청년들을 위한 양질의 일자리는 얼마나 만들 수 있으며, 안전하고 푸르른 마을이 되기 위한 방안들은 무엇인지 생각하는 게 필요하다.

2. 녹양역 주변

도로와 인도, 육교, 벤치, 승하차장은 주민들이 매일 접하는 장소이기 때문에 반드시 안전해야 하고 편리해야 한다. 그런데 역사 주변에 시설물이 너무 많았다. 안전과 편의성이라는 두 가지 원칙을 기본으로 하되, 디자인 관점의 접근을 더하여 녹양역 주변을 개선해야 한다. 거리에 설치된 공공시설물들이 이제는 거리 가구(street furniture)가 되어 도시의 품격을 높여야 한다.

43

2021.07.10.토

열여섯 번째 현장공부

녹양동

오늘도 녹양동을 다녀왔다. 지난주에 가보지 못했던 녹양본동과 버들개 마을 주변을 중점적으로 둘러봤다.

1. 녹양본동

마을 길을 따라 걷다가 소 울음소리가 들려서 가봤더니 지인이 사육하는 축산농가였다. 그곳에서 녹양동의 숨겨진 이야기를 많이 들었다. 이곳은 우정지구에 포함되어 있어 곧 재개발될 예정이다. 이로 인해 마을의 모습이 사라질 수 있다는 생각에 아쉬웠다. 재개발을 피할 수 없다면, 생활 인프라를 구축하고 교육환경 조성하며 일자리를 창출하는 등 주민들이 살기 좋은 마을로 만들기 위해 지혜를 모으는 것이 중요하다.

2. 경기북과학고등학교

전국의 수재들이 의정부에 모여 있다. 이들이 더욱 성장할 수 있는 학습 환경과, 졸업 이후 사회에 나와 자신들의 뜻을 펼칠 수 있도록 사회 환경을 조성해야 한다. 동시에 이들이 의정부 발전에 이바지할 수 있도록 하는 것이 중요하다. 의정부가 4차 산업혁명 시대에 맞춰 기업을 경영하기 좋은 도시로 나아갈 수 있도록 전략을 수립하는 것이 필요하다.

3. 의정부의 희망

빙상경기장 주변에서 마을을 자기 집 가꾸듯 돌보시는 새마을 부녀회원님들을 만났다. 의정부 시민들과 함께 의정부라는 도시공동체를 내 집처럼 아끼면서 가꿔간다면, 지금보다 훨씬 더 살기 좋고 희망 넘치는 도시가 될 수 있겠다는 생각이 들었다. 지금 이 순간에도 의정부 공동체를 위해 애쓰고 헌신하시는 자원봉사자분들을 진심으로 존경한다.

코로나 확진자 수가 또다시 최고치를 경신했다는 뉴스를 접했다. 이에 따라 코로나 방역단계가 4단계로 격상되었다. 초강력 대책이다. 이로 인해 삶에 타격을 받게 되는 분들을 생각하니 마음이 너무 무겁다. 모두 코로나 조심하고 안전에도 유의하셨으면 좋겠다. 우리 모두가 겪고 있는 팬데믹 상황이 속히 종식되길 간절히 기도해본다.

얼마 전 한 청년으로부터 의정부에는 청년들이 모일 곳과 일할 곳이 부족하여 다른 도시로 간다는 말을 듣고 마음이 아팠다. 그래서 이번에는 의정부와 도시 규모가 비슷한 시흥시에 있는 창업지원센터와 청년협업마을을 다녀왔다. 어떤 분이 전문가와 함께 다니면 좋겠다는 조언을 해주셔서 성균관대 시스템경영공학과 김윤배 교수님을 모셨다.

1. 청년협업마을

이 곳은 한국가스안전공사의 부지였으나 공공기관 지방 이전 계획에 따라 시흥시가 매입해서 조성한 공간이다. 재생의 관점으로 접근하여 청년을 위한 공간을 만든 게 정말 인상적이었다. 공유오피스, 회의공간, 목공공방, 음악실, 스튜디오 등 청년들이 필요로 하는 시설들과 프로그램들이 눈에 띄었다. 청년들이 좋아할 세련된 공간도 돋보였다.

2021.07.16.금

열일곱 번째 현장공부

경기도 시흥시

2. 시흥창업센터

젊은 세대들이 좋아할 카페 같은 공간이다. 메이커 스페이스, 스타트업 오피스, 교육공간, 회의실 등 창업지원 시설들과 24시간 일할 수 있도록 주방도 완비되어 있었다. 지역에 소재한 한국산업기술대학도 들어와 있었다. 담당 팀장님께 시설 운영에 가장 중요한 게 무엇인지 물어봤더니 "열정을 가진 사람"이라고 하셨다. 역시 '사람'이 중요하다. 함께 간 김윤배 교수님께서는 지속 가능한 창업지원 시스템을 유지하기 위해서 "단순히 건수 위주의 평가가 아닌 고객 중심, 성과 중심의 세밀한 평가시스템을 구축"하는 것이 필요하다고 하셨다.

오늘은 의정부 청년들을 위한 멋진 공간과 프로그램을 상상해본 시간이었다. 지역에 청년들이 없는 게 아니라 지역에 청년들이 머물 공간과 청년들이 일할 기회가 부족한 게 아닌가 하는 생각이 들었다. 어른으로서 미안한 마음과 책임감을 느끼는 시간이었다. 앞으로 의정부는 많이 개선되고 발전해서 타 지자체들이 견학 올 수 있도록 도전과 가능성이 넘쳐나는 도시가 되었으면 한다.

2021.07.18.일

열여덟 번째 현장공부

신곡동, 장암동

오늘은 신곡동과 장암동 일대를 걸으며 현장을 공부했다. 신곡동 맛집거리, 동막계곡, 화훼단지, 동암중, 장암 4단지 등을 둘러봤다.

1. 아파트 단지

신곡동과 장암동 일대의 아파트 단지는 1990년 초반부터 들어서기 시작했다. 주로 전답이었던 곳에 단지별, 블록별로 주거단지가 조성된 것이다. 대규모 택지개발로 조성되는 최근의 신도시 개발 방식과는 차이가 있다. 종합적인 개발계획 수립이 세워지지 못했기 때문에 쓰레기 처리와 시설관리 등의 문제들이 지속해서 발생하고 있다.

아파트 단지가 들어선 지 벌써 30년이 지났다. 이제는 조성이 아닌 관리의 단계가 되었다. 쓰레기 처리 등 주민들이 불편해하는 부분들에 대해 행정의 세심한 관심과 점검이 필요하다. 동시에 주민들의 삶의 질을 실질적으로 높일 수 있도록 공원과 도서관, 의료보건 시설과 같은 필수 인프라 구축에 대해서도 논의를 해야 한다.

2. 지하도

폐쇄된 발곡지하보도와 장암아래뜰 지하도의 모습을 보며, 장기적인 관점에서 이용 수요를 예측하는 게 얼마나 어려운지에 대해 생각해봤다. 사람이 지하로 걷고 자동차가 도로 위를 달리는 시대는 지났다. 자동차가 도로 아래로 달리고 사람이 길 위를 걷는 시대가 온 것이다. 이제는 자연과 사람이 중심이 되는 도시를 설계해야 한다. 걷기 좋은 도시가 살기 좋은 도시이다.

3. 한꿈학교

장암동에 있는 한꿈학교에 오랜만에 방문했다. 한꿈학교는 한국 사회에 적응하지 못하는 탈북 청소년들과 제3국 출생 청소년을 위해 2004년 4월에 설립되었다. 매년 약 30~40명 정도의 학생이 교육을 받고 있다.

여전히 한꿈학교의 여건이 너무 열악해 보였다. 의정부시 부시장으로 근무했을 때, 한꿈학교가 더 나은 여건의 시설로 옮겼으면 좋겠다는 바람이 있었다. 그런데 10년이 지난 지금도 그대로인 모습을 보며 마음이 무척 무거웠다. 자유를 찾아 고향을 떠난 탈북민들과 그 자녀들이 대한민국 사회에 잘 적응하고 대한민국 국민으로 살아갈 수 있도록 하는 게 우리의 역할이자 책임이다.

무더위가 시작됐는지, 아침 일찍부터 걸었음에도 땀이 무척 많이 났다. 그렇지만 도시 구석구석을 걸으며 의정부를 조금 더 이해하고, 고민해야 할 숙제를 하나씩 늘려나가는 건 나에게 큰 행복이다. 마을을 걷다 우연히 지인분들을 마주치는 행운은 덤이다.

2021.07.22.목

열아홉 번째 현장공부

서울시 마포구

오늘은 도새재생 전문가이신 중앙대학교 이석현 교수님과 함께 서울 마포구에 있는 경의선숲길과 문화비축기지를 다녀왔다.

경의선숲길과 문화비축기지의 공통점은 폐산업시설이었다는 점이다. 경의선숲길은 폐철도를, 문화비축기지는 폐석유비축기지를 활용했다. 이 두 곳은 모두 개발이 아닌 도시재생의 방식을 선택하여 역사적 의미를 보존하면서 주민들을 위한 문화와 생태 공간으로 탈바꿈했다.

의정부에는 미군기지와 같은 군사시설들이 많고 가능동에는 폐철길이 있다. 이곳 장소들을 어떻게 활용할지 영감을 받기 위해 마포구를 방문하게 됐다. 무더운 날씨였지만, 5시간가량 걸으면서 두 곳을 살펴보며 공부했다.

1. 경의선숲길

경의선숲길은 연남동과 센트럴파크가 합쳐진 '연트럴파크'라는 이름으로 불리며 젊은 세대에게 많은 사랑을 받고 있다. 무더위 속에서도 많은 시민이 철길을 걷고 자전거를 타며 벤치에서 휴식을 취하고 있었다. 이곳은 철길이라는 역사적 상징성을 간직하면서도 문화적이고 생태적인 방식으로 공간을 재생시켰다. 조형물을 설치한 대신 개방감을 유지해서 사람이 공간을 채울 수 있도록 디자인한 점이 매우 돋보였다. 폐철길이 숲길이 되어 사람들의 방문이 늘어나면서 주변 상권이 살아난 점도 인상 깊었다.

2. 문화비축기지

이곳은 1973년 석유파동 이후 5개의 탱크를 건설해 서울시민들이 한 달 정도 소비할 수 있는 석유를 보관하던 석유비축기지였다. 시민들의 접근과 이용이 철저하게 통제됐던 이곳이 문화비축기지로 변화하여 시민들에게 개방이 되고 전시관, 공연장, 카페가 들어서게 됐다. 기존 시설을 모두 허물지 않고 최대한 보존한 채 시민들을 위한 공간으로 재생시킨 훌륭한 사례다. 디자인의 수준도 매우 높아서 이곳저곳 사진을 많이 찍었다. 마침 전시가 진행 중이어서 관람도 했다.

우리가 사는 도시 곳곳에 존재하는 역사의 흔적들은 바로 우리의 자산이다. 동시에 미래 세대에게 물려줘야 할 소중한 보물이기도 하다. 그것을 어떤 관점으로 바라보고, 어떠한 해석과 상상을 통해 새로운 가치를 창출해야 하는지 많이 생각해볼 수 있는 시간이었다.

현장에 대한 치열한 학습과 이해, 주민과 전문가의 끊임없는 소통, 그리고 과감한 상상력과 실행이 의정부에도 필요한 것 같다. 함께 동행하신 이석현 교수님 덕분에 많이 배우고 돌아왔다.

스무 번째 현장공부

신곡2동

오늘은 신곡2동 일대를 걸었다. 신곡노인종합복지관, 신곡실내배드민턴장, 추동공원, 경기도청 북부청사 앞 광장 등을 둘러봤다.

1. 신곡실내배드민턴장

신곡실내배드민턴장은 20면의 코트를 갖춘 대규모 배드민턴 전용 경기장이다. 이른 아침에도 많은 시민들이 운동을 하고 계셨다. 이제는 생활체육의 시대다. 독일 등 선진국들은 주민들의 건강을 위해 주거지 주변 곳곳에 생활체육 인프라를 지속해서 확대하고 관련 프로그램을 다양하게 운영하고 있다. 그 과정에서 체육을 전공한 청년들을 고용하여 일자리 창출에도 기여하고 있다. 생활체육 기반이 단단해야 엘리트 체육도 강해진다. 올림픽이 열리고 있다. 대한민국 국가대표 선수들에게도 뜨거운 응원을 보낸다.

2. 추동공원

도심지 내에 잘 관리되고 있는 자연공원이다. 날씨는 무더웠지만 많은 분들께서 공원을 산책하며 여가시간을 보내고 계셨다. 코로나 발생 이후 동네에 있는 공원이 얼마나 소중한지를 피부로 느낀 분들이 많을 것이다. 공원, 도서관, 생활체육시설 등의 공공 인프라가 잘 갖춰져야 살기 좋은 도시가 된다.

3. 경기도청 북부청사 앞 광장

추동공원과 이어져 있는 경기도청 북부청사 앞
광장은 나에게 특별한 의미가 있다. 경기도 행정
부지사로 근무하면서 광장 조성의 아이디어를 냈
고 이를 현실화시켰기 때문이다. 광장은 시민들
의 장소다. 많은 시민들이 모여서 담소를 나누고
문화예술을 향유할 수 있는 공간으로 한 걸음 더
나아갔으면 좋겠다.

오늘도 열심히 걸으면서 의정부 현장을 부지런히
공부했다. 엊그제 함께 서울 마포구를 답사했던
중앙대학교 이서현 교수님께서 해주셨던 이야기
가 생각나는 하루였다.

"걷기 좋은 축선이 많이 있으며 쉴 장소가 풍부한
도시가 바로 좋은 도시입니다."

2021.07.31.토

스물한 번째 현장공부

송산1동, 용현동

오늘은 송산1동, 용현동 일대를 걸었다. 만가대 마을, 수락사, 솔뫼초·중, 송산1동 주민센터 주변을 둘러보았다. 새로운 변화가 기대되는 장소들이었다.

1. 만가대 마을

만가대는 한때 송산에서 퇴계원 사이에 가장 큰 마을이었다. 1964년 대홍수전에는 만호가 살았다고 한다. 이곳은 의정부에서 서울로 나가는 길목에 있지만, 수락산 자락 그린벨트로 규제를 받아왔다. 최근에 마을을 관통하는 도로가 정비되면서 새로운 변화에 대한 기대감이 높아지고 있다. 마을 안쪽에는 오랫동안 방치된 군부대 이전 부지가 있다. 이를 어떻게 주민들을 위한 공간으로 활용할 수 있을지 고민하는 것이 필요하다.

2. 용현주공아파트 부지

재개발공사 마무리 작업이 한창이다. 대단지 아파트 입주가 시작되면 주변 지역에 큰 변화가 있을 거란 기대가 든다. 공사와 조성에서 그쳐서는 안 된다. 공사의 목표는 건물 자체가 아니라 사람이기 때문에, 조성 이후에 잘 가꾸고 운영해야 한다. 주민 편의시설과 삶의 질을 높여줄 수 있는 시설에 대해서도 점검할 필요가 있다.

소나기가 내린 뒤여서 후덥지근했지만, 걸어 다니며 새로운 공간을 만나고 배움을 얻어서 즐거웠다. 주민들이 살기 좋은 도시는 얼마나 시민들과 비전을 공유하고, 실현할 준비가 되어있는가에 달려있다고 생각한다. 오늘 현장공부의 교훈을 다시금 마음 속에 깊이 새기겠다.

스물두 번째 현장공부

경기도 성남시 판교동

어제는 판교에 있는 스타트업캠퍼스와 지하철 서재, 탄천을 다녀왔다. 성균관대학교 추현승 교수님께서 현장공부에 동행해주셨다.

1. 판교 스타트업캠퍼스

2016년에 개관한 스타트업캠퍼스는 ICT 관련 기관·협회 및 전문 기업이 협업하여 스타트업 육성과 글로벌 벤처캐피털 조성, 엑셀러레이터 기능 등을 수행하는 스타트업 오픈플랫폼이다. 이곳에서 중앙정부, 지방정부, 대학교 등 3개의 주체가 협업하여 소프트웨어 전문 인재 양성과 중소기업을 지원하는 프로그램들을 살펴봤다. 추현승 교수님과 함께 의정부에 적합한 공간과 프로그램 모델에 대해 함께 논의하는 시간도 가졌다.

2. 지하철 서재

정자역에 있는 지하철 서재는 시민들이 자율적으로 책을 빌리고 반납하는 열린 서가 형식의 도서관이다. 직접 가서 살펴봤는데 관리자가 없음에도 책 손실이 거의 없고 깨끗하게 관리되고 있었다. 오히려 책을 기증하는 코너에 여러 시민분이 책을 꽂아 놓으셔서 놀랐다. 정책 수립의 바탕에 시민들에 대한 신뢰가 있었다는 점이 돋보였다. 의정부의 지하철이나 경전철 역에서도 시민들에 대한 신뢰를 만날 수 있다면 어떨까 궁금해졌다.

3. 탄천

탄천은 용인에서 시작되어 한강으로 유입되는 하천이다. 주변을 둘러봤는데 하천 수질이 좋았고, 잔디와 나무 관리를 잘하고 있었다. 농구장, 게이트볼장 같은 운동 시설이 많이 있었으며 휴식할 수 있는 곳도 잘 조성되어 있었다. 탄천 곳곳에서 시민들은 자전거와 전동바이크를 이용하고 있었다. 나도 민간기업에서 운영하는 공유 자전거 앱을 설치해서 이용해봤다. 의정부 하천도 시민들의 건강과 휴식을 위한 멋진 공간으로 탈바꿈되는 상상을 했다.

한 발자국 떨어져야 더욱 또렷하게 보이는 것들이 있다. 밖에서 바라봤을 때 더욱 객관적으로 보이는 것들도 있다. 다른 도시의 현장을 직접 둘러보며 공부하다 보니, 내가 살고 있는 의정부를 애정 어린 시선으로 더 깊게 바라볼 수 있었다. 추현승 교수님의 설명 덕분에 도시에 대한 이해와 안목도 더욱 깊어진 것 같다.

스물세 번째 현장공부

송산2동, 송산3동

송산2, 3동 일대를 걸으며 송산사지와 낙양물사랑공원, 활기체육공원, 장애인종합복지관, 다리목공원 등을 둘러봤다. 오늘은 특별히 송산·민락동의 살아있는 역사라고 해도 과언이 아닌, 박종철 전 시의회 의장님이 동행하셔서 송산동과 민락동 곳곳의 숨겨진 이야기들을 들려주셨다.

1. 역사문화 도시

의정부는 시 명칭뿐만 아니라 마을 곳곳에 역사문화가 숨어있는 도시다. 그만큼 정치적, 전략적으로 중요했던 도시였다. 송산동 지명의 유래이기도 한 송산사지는 조선 개국에 참여하지 않고 고려왕조와의 절개를 지킨 여섯 분의 뜻을 기리고 제사를 지내는 곳이다. 송산사지 주변이 공원으로 잘 조성되어 있어 시민들의 사랑을 받고 있지만, 주차장 확보 문제는 시급해 보였다. 역사와 문화를 계승하고 발전시키는 것은 우리의 몫이기 때문에 이에 대한 대책을 마련해야 한다.

2. 도시디자인

걷다 보면 거리와 공원 등에 있는 과잉 시설물들이 눈에 띈다. 과잉 시설물은 도시 미관을 해치고 보행하는 데 불편을 주며 안전을 위협하기도 한다. 불필요하게 많은 예산을 낭비한 것 같아 안타까운 마음이 든다.

디자인이 잘 된 도시를 다녀보며 배운 점이 있다. 공공디자인의 핵심은 '더하는 것'이 아니라 불필요한 시설들을 '빼는 것'에 있다는 것이었다. 과잉 시설물 대신 넓고 여유로운 공간을 확보하여 멋진 디자인 도시로 바뀌는 의정부를 상상해보았다.

3. 교통시스템

자전거나 전동킥보드 같은 1인 공유 모빌리티 기구를 이용하는 사람들이 점차 늘어나고 있다. 많은 민간 기업들도 퍼스널 모빌리티 사업에 뛰어들면서 이 분야에 혁신이 일어나고 있다. 이러한 흐름에 맞추어 경전철, 지하철, 버스 등의 대중교통과 퍼스널 모빌리티를 연계할 필요가 있다. 에너지를 절감하고 미세먼지도 줄일 수 있도록 새로운 교통시스템 구축에 대해 발상의 전환을 해야 한다.

걸어 다니면서 의정부 곳곳의 새로움을 알게 되는 재미가 적지 않다. 오늘이 입추여서 그런지 더위가 한풀 꺾인 덕분에 한결 걷기가 편했다. 정체성을 지키면서도 세련된 도시에 대한 생각도 깊어져감을 느낀다.

2021.08.13.금

스물네 번째 현장공부

서울시 노원구

날이 많이 풀렸다. 지난 한 달간은 바깥을 돌아다니기 힘들 정도로 무더운 날씨가 지속됐는데, 오늘은 날씨가 선선해서 발걸음이 가벼웠다.

오늘은 노원구에 현장공부를 다녀왔다. 훌륭한 하천 자원과 많은 숲이 있다는 점에서 의정부와 닮은 점이 많다. 좋은 참고가 될 것 같아 노원구의 중랑천, 에코센터, 복합문화공간 더숲을 방문했다.

1. 중랑천

중랑천은 의정부와 노원구를 연결하고 있는 하천이다. 자전거 도로, 벤치 뿐만 아니라 농구장을 비롯한 체육시설과 같이 시민들을 위한 공간이 많았다. 나무들이 곳곳에 많아서 휴식하기에도 좋았다. 의정부의 중랑천에 대해 아쉬움이 많았는데, 이곳을 둘러보며 어떤 점들을 개선해야 하는지 힌트를 얻을 수 있었다. 조금만 더 보완한다면 의정부 중랑천과 백석천도 서울의 하천들 못지않은 멋진 공간으로 바뀔 수 있을 것이다.

2. 노원에코센터

생태환경을 체험하고 학습하는 공간이다. 도심 속 논과 텃밭이 있으며 태양열 시설도 있다. 그곳에서 아이들이 잠자리와 매미를 잡고 있는 모습을 보니 어릴 적 추억이 떠올랐다. 생태환경이 시민들 마음속에 여유를 제공한다는 것을 직접 체험하는 순간이었다. 센터 주변에는 소규모 축구장, 배드민턴장 등 운동시설 뿐만 아니라 반려견 놀이터도 있었다. 반려견 놀이터는 강아지들이 친구들과 신나게 노는 장소이자 반려견주들이 서로 소통하는 공간이다. 다양한 시설을 통해 공간을 알뜰하게 사용하는 모습이 돋보였다.

3. 복합문화공간 더숲

북카페, 갤러리, 세미나실, 독립서점, 예술영화관이 갖춰진 공간이다. 주민들이 편히 커피 한잔을 하며 영화를 보고 책을 읽는 모습을 만날 수 있었다. 의정부에도 주민들이 쉽게 접근할 수 있는 장소에 복합문화공간들이 많아 생겨나는 상상을 해봤다.

스물다섯 번째 현장공부

자금동

말복이 지나고 확실히 날씨가 선선해졌다. 지난주보다 훨씬 시원해진 날씨 덕분에 더 상쾌한 기분으로 즐겁게 걸었다. 오늘은 자금동 일대로 향했다. 경기도교육청북부청사, 을지대학교병원, 양지마을 등을 둘러보며 현장을 공부했다.

1. 경기도교육청북부청사

경기도교육청북부청사는 시민들에게 청사를 개방했다. 교육청 앞에는 잘 가꿔진 공원이 있었는데, 시민들이 주변을 산책하며 여유를 즐기는 모습이 보기 좋았다. 공공청사는 시민들의 자산이다. 나도 경기도 행정 부지사로 근무할 때, 경기도청 북부청사 앞마당을 광장으로 만들어 시민들에게 돌려드린 적이 있다.

아직도 의정부에 있는 다수의 공공기관은 주차시설, 화장실 등을 폐쇄적으로 운영하고 있다. 공공기관의 시설들을 통제하는 시대는 지났다. 이제는 공공의 건물과 시설들이 시민을 위해 활용될 수 있도록 개방해야 하고 어떻게 시민들을 위해 쓰일 수 있을지 적극적으로 고민해야 한다.

2. 을지대학교병원

을지대학교병원은 경기도 평생교육국장, 의정부 부시장으로 재직했을
때 유치한 곳이다. 그러다 보니 더욱 관심이 가서 찬찬히 살펴보게 됐다.
병원은 시민들에게 3차 의료서비스를 제공하기에 부족함이 없을 정도로
훌륭해 보였다. 을지대학교병원이 들어선 이후 주변 지역이 변화하는 모
습을 보고, 지역발전에 있어서 앵커시설이 얼마나 중요한지 다시금 확인
할 수 있었다. 이곳은 경기북부교육청과 함께 미군 공여지를 잘 활용한
사례다. 의정부에는 미군 공여지가 더 남아있는데, 앞으로 어떤 방향으
로 활용하는 게 시민들에게 가장 좋을지 깊이 생각해봤다.

3. 양지마을

양지마을은 정남 쪽에 자리하고 있어 햇볕이 잘 든다고 하여 붙여진 이름이다. 자금동의 '고란' 이란 동네에 미 공병부대 탄약고를 확장함에 따라 주민들이 이주하면서 마을이 형성되었다고 한다. 햇볕이 잘 들고 앞이 탁 트인 언덕이라 중랑천이 잘 내려다보여서 앞으로 좋은 주거지로 서의 변신이 기대되는 곳이다. 이밖에도 의정부 곳곳에는 양지마을처럼 보물 같은 곳이 많다.

2021.08.18.수

스물여섯 번째 현장공부

경기도 남양주시

지난번에 어떤 분이 이석영 신흥상회 공간을 참고하면 좋겠다고 말씀해 주셔서 남양주를 방문하게 됐다. 이석영 신흥상회, 이석영 뉴미디어 도서관, 이석영 광장을 둘러보며 더 멋진 의정부의 모습을 상상해보았다.

1. 이석영 신흥상회

이석영 신흥상회는 공예 공방, 카페, 푸드코트, 공유사무실이 있는 5층 규모의 청년창업 지원공간이다. 이곳은 단순히 공간 대여를 넘어 창업컨설팅을 통해 청년창업가들이 자생력을 높일 수 있도록 지원하고 있었다. 평내호평역 광장에 위치해 있어 접근성도 좋았다. 방범대가 있던 장소를 청년들이 꿈을 펼치는 공간으로 탈바꿈시킨 것이 정말 인상적이었다.

2. 이석영 뉴미디어 도서관

공간 디자인이 뛰어났다. 일반적인 도서관의 기능은 물론 미래세대인 청소년들을 위한 뉴미디어 특화 기능을 제공하고 있었다. 뮤직&댄스 스튜디오, 녹음실, 아트룸 등 청소년들이 재능과 끼를 발산할 수 있는 다양한 설비들을 갖추고 있었다. 기존 공원 부지에 청소년들을 위한 복합문화공간을 조성한 점 또한 인상적이었다.

3. 이석영 광장

이 광장은 고종과 명성황후가 잠들어 있는 홍릉 앞에 자리 잡고 있다. 예식장 부지를 매입하여 지하에는 공용주차장과 복합문화공간 '리멤버 1910'을, 지상에는 광장을 조성하였다. 시민들이 필요로 하고 원하는 공간을 제공하기 위해서 행정이 적극적으로 노력한 점이 돋보였다. 다만, 문화재청이 관리하는 홍릉과 더 연계할 수 있지 않았을까 하는 아쉬운 마음이 들기도 했다.

문화기획전문가 김세을 이사님의 설명을 들으며 남양주 공간 3곳을 공부했다. 독립운동가이신 이석영 선생님을 도시브랜드로 활용하며 역사를 널리 알리고 있는 점이 참 좋았다. 의정부 곳곳에도 역사자원들이 참 많다. 남양주 현장공부를 통해 보고 배운 부분들을 잘 참고해야겠다.

스물일곱 번째 현장공부

의정부1동

의정부1동은 예전에 의정부시의 주요 기능이 모여 있던 곳이다. 조선 선조 때 교통·통신기관의 하나인 두험천참(逗驗川站)이라는 파발막이 있었던 의정부1동은 옛날에 파발막이라고 불리기도 했다. 간간이 내리는 빗속을 걸으며 한 도시의 과거와 현재, 미래를 만났다. 변화되어 가는 도시의 모습을 보면서 추억을 함께 되새기는 의미 있는 시간이었다.

"예전에"

지인들과 함께 걸으면서 "예전에 이곳에 의정부시청이 있었다." "예전에 이곳에 양주시청이 있었다." "예전에 이곳에 시민회관과 세무서, 버스터미널이 있었다." 등의 '예전에' 이야기를 많이 나눴다.

"아직은"

과거보다 중심적인 역할이 많이 줄었지만 '아직은' 제일시장, 행복로, 중앙상가, 청과야채시장 등 시민들의 일상생활에 중심이 되는 장소들이 많이 자리 잡고 있다. 의정부시 내 음식점과 숙박업소의 60%가량이 이곳에 밀집되어 있다.

"앞으로도"

주차, 쓰레기, 건물 노후화 문제 등 구도심 지역에서 흔히 볼 수 있는 여러 어려움이 있었지만, 지역 곳곳에서 반가운 변화의 모습을 많이 발견할 수 있었다. 예전부터 상권이 잘 형성되어 왔던 지역답게, 복고풍 컨셉을 살린 특성화된 상점들이 눈에 띄었다. 재개발이 한창인 지역은 교통대책과 같이 대규모 아파트 입주에 대한 준비가 필요해 보였다. 구도심과 재개발 지역이 안고 있는 문제점을 하나씩 해결한다면 '앞으로도' 의정부 중심지역으로 거듭나게 될 것이라는 확신이 들었다.

스물여덟 번째 현장공부

의정부2동

오늘은 의정부2동 일대를 돌아봤다. 30여 년 전 의정부시에서 처음으로 신시가지가 개발된 동네이다. 이곳에 미군 탄약 기지가 이전하고 신도시가 들어섰다. 지금은 시 외곽이 개발되면서 예전보다 밀집도는 떨어졌지만, 여전히 행정과 상업의 중심지로서 역할을 하고 있다. 의정부성당과 같이 신시가지 개발 이전부터 있었던 지역에서는 오랜 역사의 흔적을 그대로 만날 수 있다.

1. 공공기관 사용법

의정부2동은 시청, 경찰서, 세무서, 소방서, 의정부역, 예술의전당 등 공공기관이 모여있는 곳이다. 위 장소들은 시민들을 위해 존재하기 때문에 도시의 중심에 자리 잡고 있어 접근성이 훌륭하다. 이 공간들의 폐쇄성과 제약성은 아쉬운 점이다. 본연의 행정서비스를 제공하는 것을 넘어 각 공간과 시설들이 허용 가능한 범위 내에서 최대치로 시민들에게 개방한다면 어떨까? 행정서비스도 향상되고, 지역경제도 활성화될 수 있지 않을까 싶다.

2. 더 걷기 좋은 백석천

백석천은 1990년대 획일적인 도시개발로 인해 주차장이 설치되어 하천생태기능이 정지되었지만 2009년 "청계천 +20프로젝트"에 선정·복원되어 2016년에 개방한 이후부터 시민들은 깨끗한 백석천을 걸을 수 있게 되었다.

백석천 외에도 도심을 가로지르는 하천이 많은 의정부는 생태적으로 참 복 받은 도시이다. 그러나 의정부는 이를 잘 활용하지 못하고 있다. 이른 아침 많은 시민들이 백석천을 이용하고 있었는데, 콘크리트 박스에 갇힌 느낌이 들어서 아쉬웠다. 하천의 안전을 방해하지 않은 범위에서 생태적으로 보완하고, 시민들이 걷고 휴식하기에 편리하도록 시설을 보강해야 한다. 경험상 여름 한낮 뙤약볕 아래에서 걷기 쉽지 않았는데 이 역시도 보완되어야 한다.

매주 의정부의 현장을 공부면서, 오늘은 어떤 동네 분들과 우연히 마주칠까 하는 생각에 설렌다. 오늘도 몇몇 주민분들과 정겨운 대화를 나누었다. 공부할수록, 걸을수록, 만날수록 의정부는 정말 귀하고 감동적인 도시다.

2021.09.04.토

스물아홉 번째 현장공부

신곡동

성큼 다가온 가을이 느껴지는 아침이었다. 오늘은 신곡동 일대를 걸었다. 의정부초, 신곡1동성당, 신곡배수지, 중랑천 뚝방길 등을 둘러보았다.

1. 학교

보통의 시민들이 가장 먼저 사회생활을 시작하는 곳이 학교다. 시내 곳곳을 둘러보면 학교가 지역의 중심이 되는 모습을 보게 된다. 공간뿐만 아니라 친구 관계 등 여러 측면에서 학교와 우리 삶과 밀접하게 연관되어 있기 때문이라고 생각한다. 의정부초를 둘러보며 공동체의 관점에서 학교가 어떤 방식으로 지역의 중심적 역할들을 수행할 수 있을지 고민해봤다.

2. 신곡배수지

신곡배수지는 우리가 매일 사용하는 수돗물을 안정적으로 공급하는 시설로, 시민들에게 가장 중요한 시설 중 하나다. 배수 전문가님이 동행하셔서 의정부 상수도 배분 시스템에 대해 자세하게 설명해주셨다. 수돗물을 안심하며 이용하기 위해서는 공공행정과 시민 개개인 모두의 노력이 필요하다는 것을 느꼈다.

3. 이면도로와 공원

흔히들 '걷기 좋은 도시가 살기 좋은 도시'라고 하는데, 중랑천 이면도로를 걷다 보니 불편함을 넘어 위험함을 느꼈다. 자동차보다 사람을 우선시하는 도시 운영철학이 필요하다. 공원도 관리자 편의주의적으로 운영되고 있는데, 시민의 시각에서 어떻게 개선할 수 있을지 생각해보았다.

2021.09.10.금

서른 번째 현장공부

경기도 의왕시

의왕시 부시장으로 근무했던 후배와 함께 의왕시에 있는 물류단지와 IT 밸리를 다녀왔다. 의왕시는 의정부와 비슷한 부분이 많다. 이번 현장학습은 좋은 일자리와 지역경제 활성화를 위해 도시와 행정이 무엇을 해야 하는지에 대해 매우 구체적으로 생각해볼 기회가 되었다.

1. 물류단지(의왕ICD)

물류단지는 상품을 보관하고, 포장하고 배송하는 데 꼭 필요한 시설이다. 많은 지자체에서 물류단지를 유치하고 싶어하는데, 나 역시 물류단지에 대해 관심이 많았다. 유치를 결정할 때 지역사회와 경제에 얼마나 큰 도움이 되는지를 따져보는 게 가장 중요하다. 물류단지 유치로 파생되는 일자리와 세수 분만 아니라, 안전과 환경 문제 등을 치밀하게 살펴봐야 한다. 의왕물류단지를 통해 많은 힌트를 얻을 수 있었다.

물류단지의 일자리 창출 효과는 생각보다 크지 않아 보였다. 물류는 인건비 싸움이라고 한다. 아마존이 빅데이터와 로봇 등 첨단기술을 이용하여 고용을 최소화하는 것을 보면 이해할 수 있다. 기업의 본사가 아닌 단순 물류센터를 유치할 경우 그로 인해 얻을 수 있는 세수도 그리 크지 않아 보였다.

반면, 컨테이너를 옮기는 대형트럭들로 인해 교통체증이 유발되고 안전사고가 발생하며 미세먼지가 증가했다는 민원은 매우 많았다. 물류단지 유치는 지역사회에 영향을 끼치는 다양한 요소들에 대해 종합적으로 검토한 후 매우 신중하게 결정해야 하는 사안임을 다시 한번 느꼈다.

2. IT 밸리

의왕 포일동에 소재한 NH통합IT센터와 인근 IT 기업들이 있는 지식산업센터를 둘러봤다. NH통합IT센터는 단순히 데이터를 저장하는 공간이 아니라 4차 산업혁명의 핵심기술인 데이터를 분석하고 활용하는 시설이다. 인근 IT 기업들과 함께 수천 개의 첨단 일자리가 있는 곳으로, 2~3천 명이 상시 근무하고 있다고 한다.

거리에 젊은 직장인들이 많아서인지 지역이 활기찼고 세련된 상점들도 많이 보였다. 확실히 2030 세대가 근무할 수 있는 일자리가 많아야 활력이 넘치고, 다양한 문화가 가득하며, 먹거리와 놀 거리가 많은 도시가 되는 것 같다. 참으로 부러운 모습이었다.

2021.09.11.토

서른한 번째 현장공부

홍선동

오늘은 흥선동 일대를 걸으며 교외선 철길, 맑은물사업소, 안골계곡 입구 등을 둘러보았다.

1. 교외선 철길

의정부~양주~고양시를 잇는 교외선이 2024년 개통될 예정이다. 송추, 장흥으로 나들이 가던 추억이 떠오르기도 한다. 걱정스러운 부분도 있다. 육상철로는 지역과 지역은 연결하지만 지역 안에서는 단절을 만든다는 점이다. 주변 소음과 안전 문제 등도 제기될 것이다.

2. 안골계곡

안골계곡과 맞닿은 백석천을 볼 때마다 참 무거운 마음이 든다. 하천부지에 놓여 있는 30여 가구의 문제가 해결되지 않고 있기 때문이다. 그곳은 사실상 폐지된 백석천 부지이다. 수년 전에 인근 재개발계획과 연계시켜서 어렵지 않게 문제를 해결할 수도 있었을 거란 생각에 아쉬움이 많이 남는다.

흥선동 골목길을 걷는데, 주민 한 분이 집에서 나오셨다. 마을 현황에 대해 자세히 설명해주시면서 주민들 이야기에 좀 더 귀를 기울여 달라는 말씀을 수차례 반복하셨다. 어르신 말씀이 맞다. 사람의 입은 하나인데 귀가 두 개인 이유가 더 많이, 더 자주 듣기 위해서라고 한다. '정치와 행정의 기본이 무엇인가'에 대해 다시 한번 생각하고 다짐하는 시간이었다.

서른두 번째 현장공부

신곡동

오늘은 가을바람을 맞으면서 신곡동에 있는 둔배미 마을과 발곡초·고등학교 주변에 다녀왔다.

1. 둔배미 마을

마을 곳곳을 걷다 보면 의정부는 역사와 문화의 고장이라는 확신이 들게 된다. 둔배미 마을은 삼국시대 군대가 주둔했던 곳이다. 임진왜란 때 의병이 진을 쳤던 곳에서 그 이름이 유래했다고 한다. 신숙주 증손이자 성종 사위였던 신항의 묘는 향토유적으로 등록되어 있다. 이곳에서 바라보는 경치는 참으로 아름답다. 의정부의 소중한 역사적 유산을 어떻게 미래세대에게 알리고, 고유의 이야기를 문화예술을 통해 어떻게 계승하고 발전시킬 수 있을까 상상을 해보는 시간을 가졌다.

2. 발곡초·고등학교 주변

거리를 걷다 보니 가로 안전시설들이 과잉 또는 중복으로 설치되어 있는 모습이 보였다. 통학로 안전을 위해 각종 시설을 설치하는 것은 당연하다. 하지만 불필요한 시설들이 오히려 아이들 안전을 위협할 수도 있다. 예산을 낭비하는 것은 물론이다. 각종 도시 시설과 관련하여 예산을 헛되이 쓰지 않아야 한다. 시민들의 세금을 사용할 때 언제나 세심한 관리가 뒷받침되어야 한다.

오늘도 마을을 걷다가 주민분들을 만나 즐거운 시간을 보내는 행운이 찾아왔다. 의정부 가을 하늘이 예뻐서인지 그동안 무심하게 지나쳤던 숨어 있던 마을의 명소를 동료들과 함께 누리며 소중한 시간을 보낼 수 있었다.

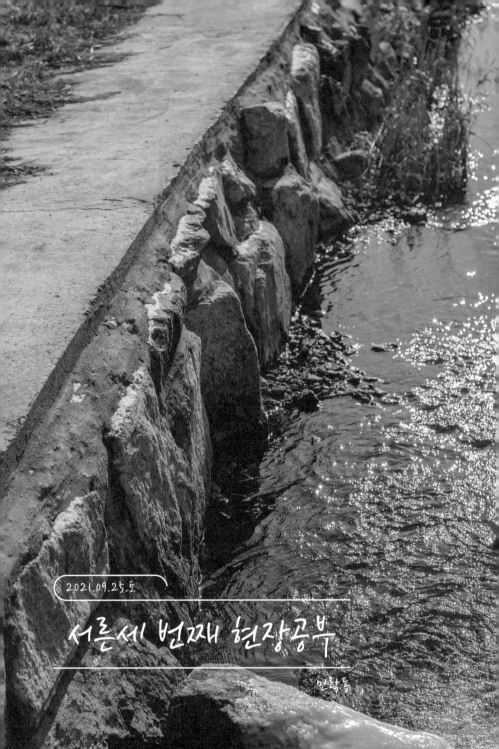

2021.09.25.토

서른세 번째 현장공부

민락동

오늘은 민락동 일대를 걸었다. 지금은 택지개발이 완료되어 시민들이 선호하는 주거지가 된 민락지구는 예전부터 상당한 길지(吉地)로 알려진 곳이다. '민락(民樂)'이라는 지명도 주변의 경치가 좋아서 임금이 백성과 함께 그 경치를 즐긴다는 뜻에서 유래되었다고 한다.

1. 민락 × 여가와 문화

민락천은 주민들이 휴식을 취하고 운동하는 공간으로, 걷거나 자전거 타기에도 참 좋다. 주민들의 건강을 위해 매우 중요한 곳이다. 민락천이 보다 좋은 공간이 되기 위해서는 생태적 관점에서 편의시설을 곳곳에 확충하는 것과 도시디자인 관점에서 보행로 동선과 연결로를 세심하게 구성하는 것이 필요하다. 이에 더해 일상에서 즐길 수 있는 문화시설과 프로그램까지 보강된다면 민락천이 주민들께 더 많은 사랑을 받을 수 있을 것 같다.

민락단지는 쾌적하고 편의시설들이 비교적 잘 갖추어진 생활공간이다. 다만 대중교통 연결과 주차 공간 부족은 민락 주민분들께서 오래전부터 어려움을 호소해왔던 문제들이다. 교통편의와 지역경제 활성화는 물론 도심 환경문제 완화를 위해서도 해결책 마련이 시급하다. 지역의 주체들과 함께 적극적인 의지를 가지고 대안을 마련해서 주민들의 불편을 하루 빨리 해결해야겠다는 생각이 들었다.

9월, 걷기에 무척 좋은 계절이다. 의정부에는 걷고 싶은 장소들이 참 많다. 걷기 좋은 도시가 살기 좋은 도시라는 말이 생각나는 하루였다.

2021.10.02.토

서른네 번째 현장공부

중랑천 하류, 도봉구

오늘은 중랑천 하류 쪽과 도봉구를 걸었다. 상쾌한 새벽공기를 마시며 걷는 시민들을 많이 만날 수 있었다.

1. 중랑천

중랑천은 여가와 휴식 공간이면서, 사람과 자연이 만나는 공간이다. 천변에 조성된 잔디그라운드에서는 어르신들께서 파크골프를 즐기고 계셨다. 시민들에게 생활체육 공간이기도 한 중랑천의 풍경이다. 그러나 가드레일 연결이 완전치 못해 다리를 건너는 분들이 위험해 보이는 장면을 목격하기도 했다. 안전을 무엇보다 우선으로 하면서 시민들의 다양한 상상력을 모아본다면 중랑천의 활용법들이 더 많이 생길 것 같다.

2. 다락원체육공원과 서울창포원

의정부 경계에 있는 도봉구 다락원체육공원과 서울창포원도 살펴보았다. 2014년에 조성된 평화문화진지는 군사시설인 옛 대전차 방호시설을 민간과 행정의 협력을 통해 문화창작공간으로 재탄생시킨 곳이다. 이곳의 모습을 보며 부러운 마음이 들었다. 시민들과 행정조직이 뜻을 모으고 상상력을 펼친다면 의정부도 멋진 공간들을 만들 수 있다. 의정부는 충분히 할 수 있다!

걸으면 걸을수록 많은 것이 보이고, 그만큼 생각이 깊어지는 느낌이다. 길을 걷다 마주치는 분들을 보며 의정부 시민들에게 어떤 공간들이 필요할까 생각을 해보았다. 뜻을 같이하는 동료들과 함께 동네를 걷고 주민분들과 이야기를 나누니 더욱 힘이 나고 즐겁다.

서른다섯 번째 현장공부

경기도 양평군

가을비가 촉촉이 내리는 하루, 오늘은 지인과 함께 양평에 있는 '서후리숲'에 다녀왔다. 서후리숲은 화려한 꾸밈보다는 있는 그대로의 모습을 최대한 지키고 있는 것이 매력적인 공간이다. 입구에 있는 매표소는 숲속의 작은 카페 같았고, 서후리숲 간판표식도 자연과 잘 어우러져 있었다.

숲의 생태환경을 보호하면서 방문객들과 조화를 이루기 위해 노력한 흔적들이 돋보였다. 의자, 조명, 펜스, 다리 등 안전과 편의시설을 빼고는 최소한의 것들만 설치한 모습을 볼 수 있었다. 불필요한 조형물은 줄이고 카페와 화장실도 조그마하게 만들었다. 디자인 관점에서 미니멀리즘을 추구하는 것 같았다.

의정부는 명산이 많은 복 받은 도시이다. 도봉산, 수락산, 천보산이 병풍처럼 둘러싸고 있다. 의정부 시민과 미래를 위해 숲을 어떻게 가꾸고 활용할 것인지가 참 중요하다. 서후리숲을 산책하면서 시민과 자연이 어우러지는 의정부 숲의 모습을 상상해봤다.

2021.10.09.토

서른여섯 번째 현장공부

산곡동

오늘은 산곡동 일대를 걸었다. 산곡동에서는 민락동에 버금가는 택지개발이 진행되고 있다. 일부 아파트 단지는 이미 입주를 마쳤고, 공공기관 등을 수용하기 위한 공사가 곳곳에서 계속되고 있다. 도시를 대할 때마다 늘 고민하는 것들이 있다.

1. 새것과 옛것을 어떻게 조화롭게 만들 것인가

새것과 옛것을 어떻게 조화시켜 가느냐는 것이다. 산곡동의 동명은 산골 마을이라 하여 붙여졌다고 한다. 그래서인지 독바위 마을, 검은돌, 샘말, 잔돌백이, 쇠재이등, 양지말 등 자연을 본뜬 친근하고 정감 있는 지명들을 많이 들을 수 있었다. 그런 예쁜 이름들을 도로명 등에 활용하여 이어나갈 수 있는 방법에 대해 생각해봤다. 아파트 단지 한 가운데 보존된 470여 년의 수령을 가진 큰 느티나무가 더없이 반갑게 느껴졌다.

116

2. 새롭게 조성되는 도시의 환경을 어떻게 구축할 것인가

대부분 신도시들은 주거를 중심으로 만들어져서 일터가 없는 베드타운이 된다. 도시 공동화 현상이 발생하고 시민들은 출퇴근하는 데에 많은 시간과 에너지를 사용하게 된다. 직장과 주거지가 가까이 있는 '직주근접'의 환경을 조성하기 위해서는 택지개발 이상의 종합적인 도시기획 전략이 필요하다. 더 나아가 주거지 주변에 대중교통시설, 도서관, 문화시설, 상업시설, 여가휴식시설 등 주민들이 생활 속에서 필요로 하는 인프라가 잘 구축되어야 한다.

오늘도 현장을 걸으면서 많은 고민과 숙제를 받아간다.

서른일곱 번째 현장공부

충청남도 공주시

오늘은 공주 제민천에 다녀왔다. 의정부는 중랑천, 백석천, 회룡천 등 하천이 많은 도시다. 공주시는 제민천을 중심으로 마을 곳곳에 젊은 층이 좋아할 문화관광 요소가 많아서 아이디어를 얻고자 방문하였다.

이곳에서 뜻하지 않은 행운을 만났다. 시 '풀꽃'으로 유명한 나태주 시인을 뵙게 된 것이다. 또한, 마을을 탐방하기 위해 마을 청년 대표를 만났는데, 경기도에서 일할 때 관광공사에서 근무하시던 분이었다. 좋은 인연을 만나는 행운의 날이었다.

1. 마을을 기반으로 한 문화와 여행

제민천을 중심으로 카페, 책방, 맛집, 마을 호텔, 공유공방 등 젊은 세대 감각에 맞는 동네 가게들이 곳곳에 있었다. 생산과 소비 활동은 모두 마을을 기반으로 이루어졌다. 공주시와 마을의 이야기가 담겨 있고, 가게를 운영하시는 분들이 마을해설가 역할도 하고 계셨다. 마을 기반의 문화가 잘 형성되어 있었다.

2. 마을 청년들이 추구하는 가치

마을 청년들이 추구하는 가치는 '신뢰'와 '협업', '공정'과 '공동체'였다. 지나친 경쟁보다는 신뢰와 협업을 통해 함께 지속적 성장을 추구하고 있다. 이곳의 청년들은 공정여행, 커뮤니티 여행처럼 개인과 공동체가 조화를 이루는 길을 선택하였다. 느슨한 연대를 통해 개인의 창의와 공동체 발전이 가능하도록 노력하고 있다는 점이 인상적이었다.

3. 행정과의 관계

제민천은 행정지원에 대해 일정한 선을 그었다. 행정에 의지하지 않고 자립하겠다는 의지가 상당히 강했고 자신감이 느껴졌다. 행정은 전선 지중화, 보도블록 정비 등 주민들이 안전하고 걷기 편한 인프라 조성에 집

중하였다. 내가 생각하고 있는 행정과 민간의 역할과 맥을 같이 하고 있었다.

공주 제민천을 둘러보며 의정부 하천의 변화될 모습을 그려보았다. 돌아오는 길에 마을 청년기업인 권오상 대표님의 열정과 자신에 찬 모습을 보며 우리 도시의 희망을 보았다.

고산동, 산곡동

서른여덟 번째 현장공부

오늘은 고산동과 지난주에 못다 걸었던 산곡동 일대를 둘러보았다. 운이 좋게도 의정부에서 3선 시의원을 지내신 이민종 의원님의 설명을 들으며 걸을 수 있었다. 예전에 이곳은 송산배로 유명한 배 과수원이 넓게 펼쳐져 있었다. 지금 산곡동은 대부분 택지로 개발되었지만, 고산동은 여전히 자연부락으로 남아 포근한 정취를 그대로 간직하고 있다.

1. 지식산업센터

그동안 젊은 층이 일자리를 찾아 의정부를 떠나곤 했는데, 산곡동에 건립 중인 지식산업센터를 보니, 부족하나마 일자리 공간이 확보된다는 점에서 반가운 마음이 들었다. 요즘 내가 가장 많이 하는 고민 가운데 하나가 떠난 의정부 청년들은 물론 다른 지역의 젊은 세대가 일자리를 찾아 의정부로 올 수 있도록 하는 방안이다.

2. 자연마을

오늘도 발길이 닿는 자연마을 이름들의 유래를
많이 배웠다. 갓바위 마을은 머리에 쓰는 갓의
형상을 한 바위가 있다는 것에서 이름이 유래되
었다고 한다. 가잿말은 편하게 지낼만한 곳이라
고 하여 가좌(可座)라고 불리었다가 변음이 되
어 지명이 되었다. 구성경로당을 지나며 구성말
의 유래도 들었는데 아주 깊은 의미가 있었다.
구성말은 효령대군 후손들이 와서 살면서 효성
이 지극하여 마을을 드나들 때 입구에 있는 구석
(構石, 푯돌백이)이라는 돌을 딛고 말을 타거나
내려서 다녔다 하여 붙여진 이름인데, 구석이 변
음이 되어 구성말이라고 불리게 되었다고 한다.

걸으면서 지역의 유래와 역사를 배우는 재미 또
한 쏠쏠하다. 새로 조성되는 주거지와 자연마을
이 잘 어울리는 지역이 되었으면 하는 마음이
가득하다.

서른아홉 번째 현장공부

경상남도 김해시

오늘은 김해시에 있는 '클레이아크 김해미술관'에 다녀왔다. 미술관을 만들고 초대관장을 역임하신 홍익대학교 전 미술학장 신상호 교수님께서 안내해주셔서 의미가 더 깊었다. 교수님께 설명을 듣는 중간중간 스티브 잡스가 떠올랐다.

1. 열정이 작품을 만든다.

20여 년 전 당시 김해군수가 논바닥 한가운데 버려진 건물이 있는 공간에 미술관을 만들어 달라는 부탁을 받고 미술관 건립을 시작하셨다고 한다. 미술관을 만드는 과정에서 수많은 반대와 행정 관행이라는 벽을 돌파한 이야기를 들었다. 이런 예술가적 열정이 결국에는 훌륭한 작품을 만들어 낸다. 스티브 잡스가 말한 'Stay hungry, Stay foolish'가 떠올랐다.

2. 문화는 다양성이다.

김해시는 분청사기 도시이다. 거기에서 착안하였는지 'clay(흙)'과 'arch(건축)'을 융합하여 '클레이아크'라는 개념을 창출하였다. 섞어야 새로운 것이 탄생한다고 하시더라. 미술과 건축이 만나고, 다양한 문화와 인종이 만나야 창작물이 만들어진다는 것이다. 그래서 외국 작가들이 작업할 수 있는 레지던시를 만드셨다고 한다. 스티브 잡스가 전화기와 인터넷을 합쳐 아이폰을 만든 것도 결국 다른 것을 섞은 데서 비롯되었다. 그러고 보니 전시 기능과 작품 활동이 가능한 레지던시가 함께 있는 미술관을 국내에서는 보기 힘들었다.

3. 예술가의 역할, 행정의 역할

미술관을 만드는 과정에서 행정과 정치 벽에 부 딪혀 고생하셨다는 말씀을 많이 하셨다. 예술가 는 뒤집는 것이라며, 이것을 가능하게 해야 새로 운 것이 만들어지는데, 그 과정이 참 힘들었다며 웃으셨다. 행정을 해본 사람으로서 고생하신 모 습이 눈에 선하게 떠올랐다.

정부는 지원하되 간섭하지 않는다는 '팔길이 원 칙'이 있다. 예술가의 역할을 존중하고 이를 지 원하는 행정이 조화를 이룰 때 멋진 작품이 탄생 한다. 의정부로 돌아오는 차 안에서 행정의 역할 에 대해 다시 한번 생각해보았다.

먼 길을 다녀오느라 피곤함도 있었지만, 그 이상 으로 배우고 느꼈다.

마흔 번째 현장공부

중랑천변

오늘은 의정부1동, 녹양동, 가능동을 연결하는 중랑천변 주택가와 철도하부길을 따라 걸었다.

1. 현장행정의 중요성

중랑천변을 걷다가 주택 중에서 유난히 H 빌라가 눈에 들어왔다. 내가 경기도 부지사로 근무하던 때 민원이 있어 현장을 방문했던 곳이다. 그 당시, 주민분들과 담당 공무원의 이야기를 듣고 현장을 살펴보러 갔었다. 직접 확인해 보니 사무실에서 보고받을 때와는 상황이 조금 달랐다. 어떻게 하면 풀 수 있을지 답이 보였다. 하천부지로 묶여 있던 것을 풀어주는 방식으로 문제를 해결했다. H 빌라를 보니 부듯하면서도, 동시에 현장 행정의 중요성을 다시 한번 실감했다.

2. 을지대학병원 주변의 변화

을지대학병원이 들어서고, 그 주변 중랑천변 주택가 모습이 빠르게 변화하고 있다. 의료, 문화, 도서관, 대중교통 등 주민들에게 꼭 필요한 시설들은 주민들 삶과 지역을 변화시킨다. 살기 좋은 도시가 되는 것이다. 요즘 '15분 도시', '20분 도시'라는 용어가 쓰이고 있다. 15분, 20분 안에 주민들에게 필요한 시설들이 모여 있는 도시를 말한다. 의정부도 그런 도시로 만드는 작업을 시작해야 한다.

도시 안에서의 변화들을 보며 희망을 얻기도 하고 도시 안에서의 변화들을 상상하며 희망을 꿈꾸기도 한다. 날씨가 무척 좋아서 더욱 즐거웠던 현장공부였다.

2021.10.30.토

마흔한 번째 현장공부

중랑천

오늘은 중랑천 상류 지역을 둘러 보았다. 청과시장 부근에서 양주시청 근처까지 갔다.

1. 미군부대 단상

가는 길에 철교각을 만나며 70여 년간 지속된 미군 주둔의 역사를 느꼈다. 의정부 하면 떠오르는 이미지 가운데 하나가 '미군기지'일 것이다. 미군 부대가 8곳이나 있었다. 그만큼 의정부는 시민들이 안보를 위해 희생해 왔다. 이제 희생에 대한 보상이 있어야 한다. 부정적 이미지를 긍정적으로 바꾸는 지혜와 창의적 사고가 필요하다.

2. 행정구역을 시민생활 관점으로

본래 행정구역은 지역을 '관리' 하기 위한 관점에서 설정되었다. 그러나 시간이 흘러 생활 활동 경계는 물론 심리적 경계로까지 작용하는 모습이 보이기도 한다. 이제 시민 생활편의 관점으로 전환되어야 한다. 공공시설을 공동으로 사용한다거나, 문화관광 교류를 통해 지역경제를 활성화하고, 보다 큰 틀에서 지역 산업을 클러스터화하여 일자리를 만드는 방안 등에 대해 고민을 했다. 예쁘게 물든 단풍, 은행잎, 억새와 함께 가을 정취를 흠뻑 느끼며 자연하천 산책길을 그 어느 때 보다 상쾌하게 걸었다.

마흔두 번째 현장공부

호원동

오늘은 호원동 일대를 둘러 보았다. 호원2동 주민센터에서 호암사까지 걸어가며 만난 늦가을 산자락의 멋진 풍경에 일행 모두가 감탄했다.

1. 일상의 소중함을 느낄 수 있는 도시, 의정부

오늘 걸으면서 내 마음에 그려진 한 문장이다. 거듭 생각하지만, 의정부는 축복받은 도시이다. 걸어서 15분 안에 숲, 하천, 공원과 같은 자연으로 들어가 힐링할 수 있는 곳이다. 도봉산, 천보산, 사패산, 수락산과 같은 명산으로 둘러싸여 있고, 중랑천과 백석천, 부용천 등이 마을 한가운데로 흐르고 있어 천혜의 생태조건을 갖추고 있다. 시민들의 관점에서 조금 더 편리하게, 디자인적으로는 조금 더 세련되게 관리하면서 자연은 철저히 보존한다면 의정부가 대한민국 최고의 생태 도시가 될 수 있다고 확신한다.

2. 역사와 문화가 깃든 도시, 의정부

의정부라는 지명에서 알 수 있듯이 도시가 형성되는 과정에서 역사와 문화가 고스란히 스며들어 있다. 우리나라 도시의 대부분은 정체성이 모호한데 의정부의 정체성은 분명하다. 문화와 생태가 조화로운 도시는 젊은 인재들이 선호하고, 좋은 기업들이 인재를 찾기 위해 모인다. 내 삶이 풍요롭고 좋은 일자리가 많아 살기 좋은 도시가 의정부의 미래, '넥스트시티'다. 이 좋은 환경을 가진 의정부를 정말 매력 있고 경쟁력 있는 도시로 만들어야 할 과제가 우리에게 있다.

마흔세 번째 현장공부

호원1동

오늘은 호원1동 일대를 걸었다. 이 지역은 한때 피혁·염색 공장이 밀집되어 있던 곳이었는데, 1990년대 초반부터 공장들이 이전되고 주거지로의 개발이 시작되었다. 이제는 아파트, 연립주택, 상가가 대부분을 차지하고 있다. 걸으면서 몇몇 고민 지점들이 생겼다.

1. 일자리의 변화

언제부터인가 상가에 무인 상점들이 많이 입점해 있다는 것을 느꼈다. 아이스크림, 과자류에 이어 반찬까지 무인 가게들이 판매하는 제품군이 점점 다양해지고 있다. '무인' 가게에는 상주하는 직원이 없기 때문에 가게 내의 일자리가 창출되지 않는다. 일자리의 패러다임이 변하고 있는 것이다. 지금의 초등학생들이 청년이 되었을 때 지금 일자리의 60%는 사라진다고 한다. 게다가 우리는 100세 시대 사회를 맞이하고 있다. 시대 흐름에 맞춰 평생학습이 진행되어야 하고 이를 통해 시민들은 안정적인 일자리를 마련할 수 있어야 한다. 지방정부의 역할이 매우 중요하다.

2. 생태도시로 가는 길

아파트 단지 소음 방벽에 심은 대나무가 눈에 띄었다. 이처럼 우리의 도시 곳곳이 시멘트로 덮여있다. 안타까운 일이다. 자연보다 아름다운 것은 없다. 개발로 인한 아픔을 자연으로 치유하는 것도 생태 도시로 가는 한 방법일 것이다. 기후위기의 시대, 탄소 중립의 큰 과제가 우리 앞에 놓여 있다. 걷고 싶은 도시, 생태 도시는 우리의 지향점을 넘어 반드시 해내야 하는 책임이다. 우리가 무엇부터 해야 할지 생각하면서 의정부를 걸었다. 오늘도 현장을 걸으면서 많이 배우고 느꼈다.

마흔네 번째 현장공부

녹양동

오늘은 녹양동 일대를 걸었다. '녹양'이라는 지명은 조선시대 때 이곳에 녹양벌이라는 군마사육목장이 있었던 데에서 유래한 것이다. 지금은 종합운동장 등의 체육시설들이 밀집해 있어서 체육행사가 많이 열리고 있다.

1. 정책은 속도보다 방향성이 중요하다.

미군 공여지 캠프 레드 클라우드(CRC)를 보면서 든 생각이다. CRC의 잠재적 가치는 매우 크다. 과거 대한민국의 안보를 위해 존재했던 CRC를 이세는 의정부의 미래를 위한 거점 공간으로 활용해야 한다.

이곳에 물류시설과 아파트를 지으려는 시도에 대해 많은 시민들이 우려를 표하고 있다. 이제부터라도 미군기지 이전 과정과 향후 활용방안에

대해 시민들에게 자세하고 투명하게 공개해야 한다. 그 토대 위에서 시민들과 전문가들이 함께 머리를 맞대고 의정부 발전과 미래세대를 위한 길이 무엇인지 진지하게 논의해야 한다. 많은 노력과 시간이 들겠지만 올바른 방향을 설정하는 일은 그 무엇보다 중요하다.

2. 스포츠는 최고의 복지다.

의정부종합운동장에는 축구장, 야구장, 실내빙상장, 사이클경기장, 실내체육관, 테니스장, 게이트볼장 등의 스포츠 시설이 있다. 경기도 행정부지사를 역임했을 당시 경기도 내 31개 시군을 모두 다녀보았지만, 이렇게 다양한 스포츠 시설들을 한 곳에 모두 갖춘 도시는 매우 드물었다.

의정부종합운동장은 의정부 시민들의 일상을 풍요롭게 하고 건강한 삶을 유지하게 하는 공간이다. 보다 많은 시민들이 편리하게 이용하고, 좀 더 다양한 스포츠 프로그램들이 상시로 열리는 공간으로 나아가야 한다. 일시적 스포츠 이벤트가 열리는 시설에서, 일상 속 건강과 레저와 쉼을 채워주는 공간으로 개념과 역할이 확장되면 좋겠다. 깊어지는 가을만큼 고민과 생각도 깊어진다.

오늘은 장암동 일대를 걸었다. 하수처리장, 소각장, 스포츠센터 등을 세 가지 관점에서 살펴봤다.

1. 공공성 강화

소각장과 하수처리장은 시민 건강과 안전에 큰 영향을 미치는 시설이다. 처리 기준이 보다 엄격히 관리되어야 한다. 이런 차원에서 최근 하수처리장 민영화와 관련하여 주민들이 우려를 제기했다. 운영방법 변경에 관한 결정은 절대로 졸속으로 진행되어서는 안 된다. 행정의 충분한 사전 검토는 물론, 시민들에게 모든 정보를 투명하게 공개하고 폭넓게 의견을 수렴해야 한다. 전문가들의 자문도 꼼꼼히 받아야 한다.

2021.11.27.토

마흔다섯 번째 현장공부

장암동

2. 책임의식

탄소 중립은 전 지구적 과제이다. 쓰레기 등 폐기물은 발생지에서 처리하는 것이 원칙이다. 환경을 오염시키는 생산과 소비를 줄이고, 재활용과 재사용을 보다 늘려야 한다. 쓰레기를 잘 처리하는 것을 넘어 쓰레기 발생을 최소화해야 하는 책임이 우리 모두에게 있다. 지방정부는 발달한 기술을 활용하여 소각장과 하수처리장을 효율적으로 운영해야 한다.

3. 발상의 전환

쓰레기 처리 과정에서 나오는 열을 활용하거나, 처리 시설을 지하화한 후 지상에는 체육시설, 공원 등 시민들을 위한 휴식공간을 만든 사례가 있다. 시설은 환경 교육을 위해서도 활용할 수 있다. 발상의 전환을 통해 현재 인류가 직면한 문제를 해결하는 지혜가 필요하다. 새로운 시대에 맞는 새로운 발상과 새로운 접근이 요구된다.

마흔여섯 번째 현장공부

광주광역시

광주광역시에 다녀왔다. 1913송정역시장, 국립 아시아문화전당, 동명동, 푸른길공원(폐철도 부지) 등을 둘러보고 왔다.

1. 1913송정역시장

광주송정역 부근에 있는 1913송정역시장을 관심 있게 둘러봤다. 민간기업인 현대카드와 협업하여 멋진 디자인의 공간으로 재탄생한 사례를 보며, 다양한 주체와 다양한 방식의 협업으로 지역을 변화시킬 수 있다는 것을 배웠다. 의정부역 주변에는 광장, 지하상가, 행복로, 제일시장 등 중요한 시설들이 많다. 각 공간을 잘 연결한다면 서로의 장점을 살리면서도 시너지 효과를 극대화할 수 있을 거라고 확신한다.

2. 국립아시아문화전당(ACC)

2015년 11월에 개관한 국립아시아문화전당(ACC)은 문화창조원, 예술극장, 문화정보원 등 5개의 공간으로 구성되어 있다. 여기서 놀랐던 점은 5개의 공간 중에 '어린이문화원'이 있다는 사실이다. 문화전당이 미래세대를 위해 어떤 역할을 해야 할까 고민을 했고, 그것을 공간과 프로그램을 통해 풀어냈다는 점에서 감탄했다. 의정부에서도 우리 아이들과 청년들을 위한 공간과 프로그램들이 충분히 준비되어 있는지 돌아보게 됐다.

3. 동명동, 푸른길공원

광주에서 2030에게 인기가 많다는 동명동을 가 봤다. 동명동 초입에 들어서자마자 왜 2030 세 대가 이곳을 자주 찾는지 이해가 됐다. 구도심권 에 위치했음에도 동명동만의 예쁜 가게와 깨끗 한 거리가 눈에 띄었다. 동명동을 지나 폐철도를 공원으로 변화시킨 '푸른길공원'도 가봤다. 오랫 동안 방치되어 있던 공간이 지금은 많은 주민들 이 사랑하고 찾는 공간으로 바뀌었다. 공간을 바 라보는 안목에 따라, 주민을 향한 애정의 깊이에 따라, 시민사회의 참여 수준에 따라 도시의 모습 이 어떻게 바뀔 수 있는지 볼 수 있었다.

4. 통합지주대

길을 걷다 보니 가로등, 신호등, 이정표 등을 한 곳에 매달고 있는 통합지주대가 눈에 띄었다. 바 닥에 설치된 이정표에도 시선이 갔다. 걷는 사람 들의 동선을 방해하지 않으면서 필요한 정보를 제공하는 형태였다. 전체적으로 도시 디자인에 신경을 많이 쓰고 있다는 인상을 받았다. 의정 부 사거리에는 너무 많은 지주대가 설치되어 있 다. 예산의 낭비는 물론 도시 미관을 해친다. 안 전을 위협하는 모습도 자주 볼 수 있다. 훌륭함 은 디테일에서 나오는 법이다. 디테일에 강한 도 시가 되어야 한다. 비 내리는 광주에서 많이 배 우고 돌아왔다.

마흔일곱 번째 현장공부

의정부1동

오늘은 의정부 1동 일대를 걸었다. 을지대병원 주변, 시민공원, 청과물시장, 제일시장 등을 둘러보았다. 걷는 것이 배움이고 만남이다. 우리 동네 모습과 주민분들을 만나서 기분이 좋았다.

1. 을지대병원

을지대병원을 볼 때마다 생각나는 것이 있다. 2010년 경기도 평생교육국장으로 재임시 미군 공여지 캠프 에세이욘에 을지대학과 부속병원 유치를 위해 뛰어다녔다. 몇몇 반대 의견들도 있었지만, 다행히도 2011년 의정부 부시장으로 부임하면서 직원분들과 스터디를 하고 원탁토론도 진행하면서 긍정적인 공감대를 만들어낼 수 있었다.

을지대병원 유치를 위해 직원분들과 함께 정말 열심히 노력했다. 을지대병원이 들어섬에 따라 주변 지역변화가 눈에 띄게 달라지고 있다. 건물이 새로 들어서기도 하고 상점들이 오픈을 준비하는 등 활발한 모습을 보며 흐뭇했다. 이런 보람으로 행정을 하는 것 같다. 함께 노력했던 직원분들이 떠올랐다.

100세 시대다. 얼마나 건강하게 삶을 향유하는냐가 중요해진 시대이다. 상급병원은 지역 의료서비스체계를 위해 정말 중요하다. 거기에 더해 지역경제 활성화에도 기여한다. 시민들이 행복한 도시를 만들기 위해 치열한 고민과 준비, 소통과 협업, 결단과 실행이 얼마나 중요한지 생각해봤다.

2. 시민공원, 양지공원

시민공원과 양지공원을 둘러 보면 바닥에 깔린 보도블록을 발견할 수 있다. 조금 더 자연 친화적인 공원으로 만들 수 있었을 거란 생각에 아쉬움이 들었다. 요즘은 자연 친화적인 자재로 도시를 꾸밀 수 있다. 새로움을 추구하는 것보다 중요한 것은 우리가 가진 보물을 잘 가꾸는 것이다. 중랑천 뚝방을 활용한 공원이라 중랑천 등과 서로 연결하면 멋진 생태 도시가 될 수 있다는 확신이 들었다.

중랑천변으로 쭉 이어진 청과물시장 외관에 디자인을 더한다면 한결 달라진 도시미관이 연출될 것 같다. 요즘 의정부를 걸을 때 도시 디자인 관점에서 바라보려고 노력한다. 2030세대도 자부심을 느끼고 애정을 갖는 매력 있는 도시를 만들어 보고 싶다. 작은 것부터 하나씩 실행하는 것이 중요하다.

마흔여덟 번째 현장공부

의정부2동, 의정부3동

오늘은 의정부2동, 의정부3동을 둘러보며 시민의 입장에서 바라보는 주거환경은 어떨지 유의 깊게 살펴보며 걸었다. 마을을 걷다 동네 분들을 만나는 즐거움을 누리기도 했다.

1. 더 나은 주거환경 개선

GTX가 의정부역으로 연결되면서 철길을 따라 낙후되어 있던 주거지에서 눈에 띌 정도로 재개발이 빠르게 진행되고 있다. 이를 계기로 공공에서는 단순히 집만 늘리는 것이 아니라 대중교통, 교육 시설, 공원, 문화시설 등도 함께 갖춰서 주민들에게 더 나은 주거환경을 제공할 수 있도록 해야 한다.

2. 도시관리 관점의 전환

걸으면서 시민 안전과 미관을 저해하는 시설물들을 많이 발견할 수 있었다. 육교와 배수시설 등을 보면서 공공시설물 설치할 때 시민 안전과 편리함보다는 관리 편의적 공급자 시각이 우선된 모습이 보여 안타까웠다. 시민과 자연 친화적 관점이 우선 되어야 한다.

3. 연탄배달 봉사

현장학습을 한 뒤 연탄배달 봉사를 했다. 아직도 연탄을 사용하시는 가구가 제법 있다. 따뜻한 겨울을 나실 수 있기를 기대하며 열심히 날랐다. 문득 안도현의 시가 생각났다. "연탄재 함부로 발로 차지 마라. 너는 누구에게나 한 번이라도 뜨거운 사람이었느냐."

2021.12.18.토

마흔아홉 번째 현장공부

신곡1동

오늘은 신곡1동 일대를 둘러봤다. 1980년대 초부터 이곳에서 살고 있는 지인의 설명을 들으며 신곡1동의 변화된 모습을 구체적으로 알 수 있었다.

1. 지속가능한 도시

이곳은 90년대 초까지만 해도 냉동공장이 거의 유일한 건물이었을 정도로 한적한 자연마을이었다. 이후 단독·연립주택들이 들어서면서 주거지가 형성되었는데 벌써 노후화가 많이 되어 주거환경 개선을 위한 재개발이 불가피해 보였다. 현재 추진되고 있는 재개발이 신속하게 진행되었으면 하는 바람이다.

다만 아쉬움이 많이 남는다. 불과 30~40년 만에 재개발되어야 하는 현실 말이다. 외국의 멋진 도시들을 가보면 최소 수백 년의 모습이 담겨 있다. 마을 사람들과 지방 도시가 끊임없이 그들의 삶터를 가꾸고 지켜왔기 때문일 것이다. 30년 단위로 재개발이 반복되는 모습을 끊어야 한다. 이제 저출산, 고령화로 가능하지도 않을 것이다. 지속 가능한 도시가 되기 위해서는 이전과는 다른 관점으로 접근해야 한다.

2. 좋은 일자리는 좋은 기업이 만든다.

마을을 둘러보는데, 무인 카페가 눈에 들어왔다. 현장을 다니다 보면 의정부 곳곳에 무인 가게들이 빠르게 들어서는 모습을 볼 수 있다. 흔히 말하는 4차 산업혁명 시대가 시작됐다. 전문가들조차 5년 후, 10년 후를 예측하기 어렵다고 한다. 빠르게 변화하는 산업과 라이프스타일에 맞춰 세상을 바라보는 시야도 넓고 깊어져야 한다.

가장 빠르게 적응하는 조직은 기업이다. 민간영역의 기업들은 변화에 맞춰 전략을 수립하고 시장에서 소비자들의 선택을 받기 위해 끊임없이 혁신을 추구하고 있다. 그 과정에서 일자리도 생겨난다. 좋은 기업이 좋은 일자리를 만든다. 의정부에는 좋은 기업이 얼마나 많을지 궁금해졌다. 의정부에도 좋은 기업, 좋은 일자리가 더 많아지면 좋겠다.

추운 날씨에도 함께해 준 동료들 덕분에 즐거운 시간이었다. 현장에서 만난 동네 분들께서 해주신 덕담 덕분에 마음도 따뜻했다.

쉰 번째 현장공부

경기도 하남시

오늘은 하남시 유니온파크에 다녀왔다. 이곳은 단순한 공원이 아니다. 국내 최초로 지하에 폐기물처리장과 하수처리장을 설치한 환경시설이다. 의정부에도 적용할 수 있는 지점들을 배우고자 방문했다.

1. 발상의 전환

도심 한복판에 주민이 좋아하는 시설과 싫어하는 시설이 함께 공존하고 있다. 중요한 것은 이곳에 주민들이 싫어하는 시설이 존재한다는 사실을 많은 분께서 모른다는 데 있다. 지하 25m 깊이에는 하수처리장, 음식물 처리장, 소각장, 재활용 선별장 등 온갖 기피시설들이 모두 설치되어 있다.

반면 지상에는 문화공간, 놀이터, 체육시설 등 각종 주민 편의시설들이 갖춰져 있다. 게다가 소각시설에서 발생하는 열 판매, 음식물 건조, 재활용품 판매 등으로 연간 12억 원가량의 수익까지 내고 있다. 발상의 전환을 통해 혁신적 결과물을 만들어냈고 하남의 랜드마크가 되었다. 놀라운 일이다.

2. 탄소중립시대 지방정부 역할과 책임

쓰레기, 하수 등 폐기물은 발생지에서 처리하는 것이 원칙이다. 이제는 폐기물을 어떻게든 잘 처리하는 것에서 만족하면 안 된다. 각 지역에서 생산되는 쓰레기의 양 자체가 줄어야 하며 쓰레기는 올바르게 재활용되어야 한다. 첨단 기술을 통해 쓰레기 처리 과정에서 발생하는 열을 이용하는 등 쓰레기 소각장을 효율적으로 운영해야 한다. 기후위기 시대, 지방정부는 탄소 중립을 위해 역할과 책임을 다해야 한다. 나부터 쓰레기를 덜 배출해야겠다고 다짐했다.

3. 시민과의 소통

기피시설을 만드는 과정에서 주민들의 불만과 반대가 심했다고 한다. 나도 행정을 경험했기에 그것이 얼마나 힘든 일이었을지 눈에 선했다. 그런데도 끊임없이 주민과 소통한 행정과, 그 취지를 이해하고 수용한 주민들이 있었기에 이런 훌륭한 시설이 들어설 수 있었다고 생각한다. 행정은 소통의 귀를 막아서는 안 된다.

담당 과장님과 소장님의 관련 분야 진문적 시식과 자부심이 대단하셨다. 상세하게 설명해주신 덕분에 의정부에 어떤 시설을 세우고 어떻게 운영해야 할지 큰 영감을 받을 수 있었다. 역시 현장에서의 배움은 정말 값지다.

쉰한 번째 현장공부

경기도 용인시

2021년의 마지막 날도 현장에서 열심히 공부하고 돌아왔다. 오늘 방문한 곳은 경기도 용인시에 있는 기흥호수와 느티나무도서관이다.

기흥호수는 원래 농업용수 공급을 위한 저수지에 불과했지만 용인시민들의 대표적인 산책로로 탈바꿈 되었다고 한다. 흥미롭게도 기흥호수는 공공기관에서 운영하고, 느티나무도서관은 민간에서 운영하는 시설이었다. 규모와 서비스의 형태는 다르지만, 공공성의 역할을 수행하는 모습을 비교해 볼 수 있었다. 경기도 기획조정실장으로 근무할 때 경기도의원이셨던 권오진 의원님께서 안내해 주시며 많은 영감을 주셨다.

1. 기흥호수 (공공기관 운영)

기흥호수는 생태적으로 훌륭했다. 도심에서 만나기 어려운 철새를 구경하기도 했다. 생태가 이렇게 복원된 데에는 권오진 의원님의 노력이 컸다. 환경부로부터 국비를 받아 냄새나는 호숫물을 정화하는 시설을 도입한 것이다. 호수의 규모도 크고 시민들을 위해 활용할 수 있는 공간도 많이 보였다. 조금만 더 신경 써서 가꾸면 정말 멋진 공간이 될 수 있는 잠재력이 있었다. 다만, 벤치, 화장실과 같은 시민을 위한 편의시설이 많이 부족했고 공급자 입장에서 관리 편의 위주로 운영되고 있는 것 같아 그 점들은 아쉬웠다.

2. 느티나무도서관 (민간기관 운영)

느티나무도서관의 입구에서부터 여느 도서관과 다른 분위기를 느낄 수 있었다. 일반적인 공공도서관보다 규모는 작았지만 공간을 야무지게 활용했다. 책만 빌려보는 공간을 넘어 사회문제를 함께 고민하고, 마을 문제를 해결하는 플랫폼을 지향하고 있었다. 공간을 중심으로 커뮤니티의 역할을 수행하고 있는 것이다. 마을 분들이 모여 환경문제에 대해 고민하고 대안을 찾고 있는 모습을 볼 수 있었다. 또한, 책 도난 방지 시설이 없었다. 사람에 대한 신뢰를 기반으로 도서관이 운영되고 있다는 점에서 놀랐다. 더 높은 개방성과 시민의 관점에서 시작되는 공공성을 만날 수 있었다.

기흥호수에 대한 애정과 열정을 갖고 계시는 권오진 의원님과, 민간도서관을 공공도서관보디 더 공익석으로 운영하고 계시는 박영숙 관장님 같은 분들 덕분에 우리가 살아가는 도시가 더 살기 좋아진다. 의정부에도 진정성을 갖고 활동하시는 분들이 참 많다. 함께 머리를 맞대고 지금보다 더 멋진 의정부, 지금보다 더 건강한 의정부를 만들어가야 한다.

이렇게 한 해가 저물어 간다. 2021년, 현장에서 많이 배우고 느꼈다. 현장공부를 응원해 주시고 의정부의 미래를 함께 고민해 주시는 분들 덕분에 올 한해 지치지 않고 뚜벅뚜벅 걸어올 수 있었다. 감사하다. 내년이 기다려진다.

2022.01.08.토

쉰두 번째 현장공부

장암동

오늘은 <도봉면허시험장 이전 협약>으로 인해 주민들이 분노하고 있는 장암동 지역을 살펴봤다.

1. '의정부다움'을 찾다.

의정부가 서울의 외곽이라는 인식에서 벗어나야 한다. 행정의 인식이 그 정도 수준이니, 이미 '도봉차량기지'가 위치한 장암동에 '도봉면허시험장'까지 유치하려는 한심한 정책이 나오는 것이다. 의정부는 경기 북부의 중심도시이다. 더 나아가 대한민국에서 손꼽히는 도시가 될 수 있는 잠재력을 가지고 있다. '의정부의 비전'을 시민들과 함께 찾아가겠다.

2. '역사문화 자원'을 만나다

수락산 자락에 있는 박세당 고택, 노강서원, 석림사를 다녀왔다. 역사문화 자원을 보존하고 활용하는 것은 동전의 양면과도 같다. 시민들이 자부심을 가질 수 있도록 역사적이고 문화적인 공간으로 만들어야 한다. 그곳에서 시민들이 수준 높은 역사문화 프로그램까지 체험할 수 있다면 더욱 좋을 것이다.

3. '도시의 주인'은 시민이다

시민의 참여는 의정부가 지속 가능한 도시가 되기 위한 전제조건이다. <도봉면허시험장 이전협약> 같은 불통행정이 계속 이어진다면 의정부의 미래는 어둡다. 공개행정, 투명행정, 참여행정을 통해 시민들에게 더욱 신뢰받고 사랑받는 행정조직으로 거듭나야 한다.

이번 한주는 화가 많이 났고 답답하기도 했다. 장암동을 걸으면서 큰 책임감을 느꼈다. 많은 시민이 자부심을 느끼는 도시 의정부를 만들고 싶다. 더 고민하고 더 노력해야겠다.

2022.01.15.토

쉰세 번째 현장공부

고산동

오늘은 대규모 물류센터의 입지로 논란이 되고 있는 고산지구를 둘러 보았다. 3선 시의원을 하셨던 이민종 의원님께서 동행하며 상세하게 설명해주셨다.

현재 많은 주민들이 대규모 물류센터 조성을 반대하고 있다. 부지 곳곳에서 반대하는 현수막들을 볼 수 있었다. 복합문화단지가 계획되어 있던 이곳에 대규모 물류센터를 조성하려는 시도를 이해할 수 없다. 독단적이고 오만한 행정의 현장을 둘러본 모든 분들이 분노했다.

조성 계획은 즉각 철회되어야 한다. 물류센터 조성은 크게 3가지의 심각한 문제를 갖고 있다.

1. 물류센터는 의정부 시민을 위한 시설이 아니다.

의정부는 지난 60여 년간 국가안보를 위해 특별한 희생을 감수한 지역이다. 군사도시에서 또다시 물류도시로 희생을 강요하고 있다. 소중한 땅과 자원을 의정부 시민들 품으로 돌려놓아야 한다.

2. 물류센터는 아이들의 안전에 심각한 위협이 된다.

물류센터 조성 예정지와 매우 가까운 곳에 초등학교가 두 곳이나 있다. 학부모님들이 걱정을 많이 하고 계신다. 아이의 안전, 시민의 안전은 그 어떤 물질과도 바꿀 수 없다. 교통체증은 물론이고 소음문제, 미세먼지 발생이 인근 주민들의 건강을 크게 위협할 것이다.

3. 물류센터의 지역 내 경제효과는 크지 않다.

물류센터의 일자리가 점점 로봇과 기계로 대체
되고 있다. 물류센터는 지역에서 매우 넓은 부
지를 차지하는 것에 비해 지역에 기여하는 일자
리 창출효과가 적다. 미국 아마존 사례에서 이미
입증된 사실이다. 물류센터 조성을 철회하고 지
역경제에 더 도움될 수 있도록 계획을 다시 수
립해야 한다.

물류센터 계획은 즉각 전면 취소되어야 한다. 주
민들과 시민단체의 결집된 힘이 가장 중요하다.
시민 여러분과 함께 무거운 책임감을 갖고 반드
시 저지할 것이다. 오늘 현장공부의 발걸음은 매
우 무거웠다. 그만큼 더 노력해야겠다.

물류센터 교통대란, 미세 [
도로 파열 무서워서 못산

고산 수자인 입주예정자 일동

의정부 현장공부

초판1쇄 발행 2022년 2월 3일

지은이 김동근
편집인 최계동, 심나희
펴낸이 최윤현
디자인 김은영, 박혜은, 장은지

펴낸곳 더포스트
출판등록 제2021-000275호
등록일자 2021년 9월 24일
이메일 choi@guevara.co.kr

©더포스트, 2022
ISBN 979-11-975930-1-7

잘못된 책은 구입한 서점에서 교환해 드립니다.